Apprendre le tsigane

Louis de Gouyon Matignon

Apprendre le tsigane

Préface de Michel Onfray

L'Harmattan

Du même auteur

Dictionnaire tsigane - Dialecte des Sínté, L'Harmattan, 2012
Gens du voyage, je vous aime, Michalon, 2013

5-7, rue de l'Ecole-Polytechnique, 75005 Paris

http://www.harmattan.fr
diffusion.harmattan@wanadoo.fr
harmattan1@wanadoo.fr

ISBN : 978-2-343-03501-7
EAN : 9782343035017

« Elle est bien à plaindre la nation
qui n'a qu'une langue et qu'une pensée. »

(Étienne 1er de Hongrie)

Pour les Manouches et la culture européenne

Sommaire

PRÉFACE

de Michel ONFRAY,
philosophe

Le peuple tzigane m'apparaît tel un peuple fossile qui semble avoir longtemps incarné dans son être même ce que fut probablement la tribu des temps préhistorique. À la manière de l'étoile dont la lumière a mis des millions d'années à nous parvenir, l'ontologie tzigane semblait offrir jusqu'à peu, en l'occurrence avant l'ethnocide réalisé par la civilisation chrétienne, l'écho de ce que furent à l'origine de l'humanité les errances tribales, les campements nomades, les mythes et les histoires fondatrices, les logiques païennes, les spiritualités cosmiques, les intersubjectivités magiques, les lectures poétiques du monde, la pratique fusionnelle de la nature, le génie de l'oralité, la puissance du silence, la préférence des communications non verbales, la vie animale, la puissance de l'intuition, autrement dit, tout le contraire de ce qui fait la vertu de l'Occident effondré.

Car cet Occident effondré célèbre les antipodes de la métaphysique tzigane : la sédentarité urbaine, les mégalopoles brutales, l'abolition de la mémoire, la religion positiviste, le nihilisme spirituel, la lutte des consciences de soi opposées, l'incapacité à lire la nature, l'ignorance du cosmos, l'illettrisme livresque, la passion du bavardage, l'autisme en matière de relation avec autrui, le narcissisme décadent, la méconnaissance des signes, la vie mutilée, le psittacisme généralisé, la passion aveugle pour les passions tristes, le raffinement thanatologique.

Le poète tzigane *Alexandre Romanès* rapporte dans *Un peuple de promeneurs* la conversation qu'il eut avec un quidam dans un restaurant. Ce dernier lui dit : « Dites-moi la vérité, vous les Gitans, vous êtes vraiment terribles comme on le dit ? ». Réponse du poète : « Oui, mais vous, les gadjé, vous êtes beaucoup plus terribles que nous ». À son interlocuteur qui s'étonne, le Gitan rétorque : « Vous, vous avez inventé la colonisation, la prison, l'inquisition, la bombe atomique, l'ordinateur, les frontières… ». Le gadjo en convint…

De fait, ce peuple stigmatisé depuis des siècles comme voleur de poules ou coupeur de bourses, cette tribu planétaire qui fut conduite dans la chambre à gaz, a le tort de manifester clairement d'où vient la civilisation, un monde que les prétendus civilisés ne veulent pas voir.

Les Tziganes sont ce que nous fûmes et nous ne voulons plus voir ce que nous avons été, confits d'orgueil que nous sommes d'avoir abandonné ce que nous croyons être la barbarie et qui est civilisation reliée au cosmos, illusionnés sur nous quand nous imaginons être civilisés là où nous manifestons notre barbarie, séparés de la nature et du cosmos que nous sommes.

Car, en effet, la lumière venue de l'origine du monde, et portée par les Tziganes jusqu'au cœur des cités contemporaines, montre une clarté ontologique qui nous fait défaut depuis que nous disons du monde non pas ce qu'il est véritablement, mais ce que les livres nous disent qu'il est - et la plupart du temps, les livres des religions monothéistes.

Le rat des villes ne veut pas voir le rat des champs qui lui rappelle ce qu'il fut. Le dandy parfumé, l'esthète savonné, le lettré policé, ne souhaitent pas qu'on leur mette sous les yeux leur passé ancestral, ils ne veulent pas voir le temps du temps d'avant le temps barbare qui est le leur. Temps de la crasse mais de la vérité ontologique, temps de la chevelure sale en broussaille mais temps de l'authenticité métaphysique, temps des odeurs fortes des fripes qui sentent le feu de bois, l'humidité croupie, la saleté domestique mais temps de la simplicité philosophique.

Temps du feu dehors contre le chauffage électrique, temps de la roulotte contre le pavillon de banlieue, temps du hérisson mangé debout près de la flambée contre la nourriture insipide sous cellophane, temps de la voûte étoilée au-dessus de la tête contre la télévision qui détruit l'âme, temps de la toilette dans la rivière contre les bains moussants débordant les baignoires, temps de la musique autour du braiser qui crépite contre le mutisme des familles séparées devant leur écran, la trace des temps anciens d'une civilisation cosmique fait honte aux dévots des temps nouveaux de la civilisation acosmique.

AVANT-PROPOS

" *Je dois me parler à moi-même* " m'avait un jour dit un Manouche, m'expliquant qu'il était un des derniers de sa famille à parler couramment le *roménès*. Peu de Manouches, Tsiganes établis en Europe de l'Ouest aussi appelés Sínti / Sínté (terme endonyme), parlent encore leur langue, le roménès. Au cours de mes différents voyages en Alsace, dans le Pays basque ou en Hollande, je souhaite me " convertir " au peuple manouche, car je constate qu'une langue illustrant la diversité linguistique française et européenne, et plus largement une culture millénaire aux racines indiennes, est sur le point de mourir, et qu'il sera de mon devoir de l'en empêcher.

" *Je me souviens marcher dans la forêt avec un ami, et celui-ci se rappelant des noms de la faune et de la flore : la forêt devint un calendrier, une chambre, une précision météorologique, une encyclopédie, une bible et un menu* " (Tosse - 40230, été 2011).

Alors que les langues d'immigration disparaissent en général en 3 ou 4 générations, le roménès, langue à l'expérience millénaire pratiquée par un peu moins de deux cent mille locuteurs, n'ayant pas changée dans son essence et se transmettant de façon orale au sein de la famille, est aujourd'hui menacé de disparaître. Je me suis fixé un objectif : trouver les dernières familles parlant couramment la langue, compiler un maximum de mots, d'expressions et de phrases possible, les transmettre à travers l'écrit pour sauvegarder la langue à un moment précis de son histoire, et mettre en lumière une partie de notre patrimoine culturel européen.

Pour comprendre une culture, il faut en connaître sa langue. Croire qu'un mot signifie la même chose dans deux langues différentes est un leurre : la coïncidence parfaite n'existe pas ; il y a toujours un arrière-plan de polysémie, de connotations, de pièges tendus par la culture, même si ce sont des mots qui semblent univoques : " *mère, nuit, cheval, manger* ".

Je ne suis pas linguiste : je veux seulement, à travers cette méthode et le *Dictionnaire tsigane - Dialecte des Sínté*, exposer l'une des langues les plus en danger de disparaître au monde. J'ai voyagé à travers toute la France, en Allemagne et en Hollande, pour trouver les dernières familles parlant couramment le roménès, et j'ai compris qu'il était urgent d'ouvrir les yeux sur la disparition de cette langue.

Lorsqu'une langue disparaît, une culture disparaît : nous pourrions même dire que l'extinction d'une langue prédit l'extinction du peuple parlant cette langue. La culture des Manouches est aujourd'hui en danger (langue, itinérance et *roméno kova*) : notre devoir est de défendre cette minorité culturelle et linguistique.

" *Le territoire d'une langue est le cerveau de ceux qui la parlent* " (K. David Harrison).

Grâce aux Manouches, j'ai compris que la langue n'était pas seulement une suite de mots, mais la codification d'un univers rempli de concepts les plus divers : une langue est une photographie qui a contemplé, qui contemple et qui contemplera l'avenir de la société. Elle joue un rôle dans la formation d'une identité personnelle ; il y a de la connaissance attachée à chaque langue, et chacune contient du savoir hautement spécialisé et unique : les clefs de l'adaptation de l'Homme aux différents environnements. Lorsqu'une langue disparaît, nous perdons une partie de notre culture et de notre liberté : le langage nous permet de déterminer ce à quoi nous pouvons penser, et donc, ce que nous pouvons dire.

" *Chaque année, de moins en moins de mots, et le champ de la conscience de plus en plus restreint* " (à propos de la construction du Novlangue, *1984*, George Orwell).

J'ai vu que l'extinction du roménès avait lieu à quelques mètres de chez moi : sur les aires d'accueil où stationnent les gens du voyage, ou dans des pavillons où commencent à s'installer de plus en plus de Manouches, victimes des pressions politiques et légales. La langue des Sínté ne demande qu'à être découverte. La préservation de la langue fait partie de l'écologie humaine. Le langage est l'art le plus vaste que nous connaissions, le travail inconscient de générations anonymes.

" *À chaque fois que nous perdons une langue, nous perdons une fenêtre sur l'esprit humain, sur la richesse de l'humanité* " (Noam Chomsky).

" *Nous devions parler français pour avoir du travail* " m'ont expliqué certains. Pour ne pas être exclus, les Manouches ont appris le français ou la langue locale (alsacien, occitan, basque, catalan,...), et aujourd'hui, se sentent isolés du fait de ne plus parler leur langue maternelle. Parfois même, les pratiquants de la langue ont honte de parler : " *C'est arriéré de parler manouche mon cousin !* ".

La langue des Sínté ne pourra vivre que si les pratiquants le décident : l'usage intensif du roménès au sein de la famille / communauté sera décisif. Pour sauvegarder la langue, certains Manouches travaillent aujourd'hui activement à transmettre leur savoir aux jeunes générations : ils détiennent l'avenir du roménès dans leur esprit et dans leur bouche, et cette méthode d'apprentissage est là pour les aider.

" *Si une personne de chez nous meurt, alors le manouche meurt aussi* " m'expliqua lors d'un récent voyage, une vieille femme en Alsace. Mes rencontres avec certains de ces derniers pratiquants de la langue m'ont donné envie de croire que chacun doit défendre un héritage linguistique.

Garantir à une société le pluralisme des parlers et celui de la pensée contre l'uniformité mécanique, doit au plus vite être compris comme un enjeu de richesse, y compris de profit économique. Aujourd'hui, grâce à cette méthode, j'espère pouvoir transmettre une partie de ce que j'ai appris.

Peut-être qu'une forte idée de l'appartenance de la langue aidera celle-ci à être préservée par la population concernée ?

Dans le futur, il pourrait y avoir un sursaut au sein de la communauté, mais aussi en France (avec la reconnaissance et la valorisation de cette langue), la mise en place de puissantes campagnes d'encouragement à cultiver ce patrimoine, et certains descendants des Sínté pourraient vouloir réapprendre leur langue. Dans ce cas, nous serions capables de leur en donner les moyens.

Les langues doivent être sauvées, en ce sens qu'elles définissent qui nous sommes comme nation, englobent des secrets de l'Histoire, et véhiculent des traditions.

INTRODUCTION

Les Tsiganes, plus importante minorité d'Europe sur le plan démographique, se composent de différents groupes, réunis sous diverses appellations qu'ils ont choisies eux-mêmes ou qui leur ont été imposées de l'extérieur, ayant certains traits culturels communs, et parlant des variantes d'une même langue d'origine indo-aryenne, le romani. Il existe une confusion générale prévalant à l'emploi des termes pour désigner de nombreuses catégories de personnes avec une grande diversité de situations.

Les Tsiganes établis en Europe de l'Est se donnent le nom de " *Rom* " au singulier et de " *Roma* " au pluriel.

Les Tsiganes établis en Europe de l'Ouest se donnent le nom de " *Sínto* " au singulier et de " *Sínti* " / " *Sínté* " au pluriel, et en France de " *Manouch* " au singulier, et de "*Manouch* " au pluriel.

Les Tsiganes établis en Espagne et au Portugal se donnent le nom de " *Kalo* " au singulier et de " *Kalé* " au pluriel.

Les différenciations au sein du groupe des Tsiganes ne sont probablement apparues qu'au début de leur dissémination en Europe au XVe siècle.

Les Roma, Sínté et Kalé, de par une histoire européenne extrêmement variée, forment un ensemble très diversifié partageant des pans d'histoire commune, certaines valeurs, et une langue qui a su traverser les siècles. Beaucoup de ces communautés maintiendront leur langue, certaines valeurs (notions de pureté et différentes formes d'endogamie) ainsi que le concept de " l'autre " : le " *gadjo* ".

Aujourd'hui, les Tsiganes sont présents partout en Europe, mais également en Australie, aux États-Unis, au Canada et au Brésil, où ils sont très nombreux (2ème pays avec le plus de Tsiganes au monde).

Le but de cette méthode est de permettre aux Sínté et aux gadjé qui vivent en contact avec les Sínté, d'apprendre à parler le roménès, et ainsi, de faire vivre la culture de ce grand peuple, resté pendant longtemps à l'écart de la vie urbaine moderne, mais qui a tant à nous apprendre.

Le romani, langue des Tsiganes

Le terme (endonyme) " *romani* " provient de l'indo-aryen *ramana.*

Le romani, langue des Tsiganes, se compose de différents dialectes propres à chacun des groupes tsiganes : le *romanès*, langue des Roma (Tsiganes établis en Europe de l'Est), le *roménès*, langue des Sínté / Manouch (Tsiganes établis en Europe de l'Ouest), et le *kalo*, langue des Kalé (Tsiganes établis en Espagne et au Portugal).

Les dialectes tsiganes se conforment systématiquement à la phonétique et à la syntaxe des langues des pays au sein desquels les Tsiganes se sont établis. Les mots en romani ont une grande puissance morphosyntaxique : ils permettent de créer, à l'aide d'un certain nombre de suffixes spécifiques, plusieurs mots supplémentaires sur la base d'un mot source. Par suite de la dispersion des Tsiganes à travers le monde, leur langue se trouve fragmentée en autant de dialectes que de pays où ils habitent.

Le romani est une langue d'origine indo-aryenne enrichie par une contribution étrangère. Les langues indo-aryennes appartiennent au groupe " indo-iranien ", la branche la plus orientale de l'indo-européen, et sont originaires du nord-ouest du sous-continent indien. La masse de vocabulaire étranger (termes techniques, expressions,...) donne l'impression à un observateur superficiel d'une grande diversité de dialectes parlés en Europe, ce qui n'est qu'illusion : le Tsigane qui parle bien sa langue peut communiquer avec les Tsiganes du monde entier. L'origine indo-aryenne du romani prouve que ses locuteurs sont d'origine indienne. Les linguistes supposent aujourd'hui qu'outre la durée de séjour, ce sont surtout les moyens de contact avec les différents groupes de la population qui auraient façonné la linguistique des Tsiganes.

Le lexique du romani se répartit entre deux corps de mots : l'un ancien d'origine pré-européenne et l'autre, plus récent, d'origine européenne. Le lexique pré-européen, plus ou moins commun à tous ses locuteurs, comprend les mots indo-aryens, perses, arméniens et grecs du romani (*corps*, *eau*, *soleil*, *nourriture*, *maison*, *chien*, *vivre*, *faire*, *acheter*, *forêt*, *miel*, *force*, *cheval*, *corbeau*, *robe*, *chapeau*, *route*,...). Le lexique européen s'est formé uniquement dans le cadre de la migration de groupes individuels vers l'Europe autour du XVe siècle, pour devenir ce qu'il est aujourd'hui, et, a donc évolué de manière différente selon les groupes concernés.

Le roménès, langue des Sínté

Le terme (endonyme) " *roménès* " provient de l'indo-aryen *ramana*.

Le roménès, langue des Sínté, est homogène malgré quelques différences entre familles et groupes (influence des particularismes linguistiques locaux). Cette langue est parlée couramment et chez beaucoup, les enfants ne s'expriment que dans cette langue. Comme toute langue vivante non écrite, elle évolue très vite, assimilant les termes et tournures des pays dans lesquels les Sínté se sont établis. Ces évolutions extrêmement rapides sont favorisées par l'introduction permanente de mots nouveaux, qui se substituent à des mots qui, d'abord désuets, finissent par sortir de l'usage, avant de sombrer dans l'oubli. Il existe une grande porosité entre le roménès et les différentes langues locales. Chaque groupe de Sínté a complété son vocabulaire, soit par dérivation, c'est-à-dire, par de nouvelles formations de mots déjà existants, soit par un emprunt direct à d'autres langues.

Les différences entre les pays portent sur de légères différences de prononciation qui n'affectent pas profondément la compréhension intercontinentale. En revanche, dans chaque pays, les Sínté adoptent un grand nombre de mots de la langue nationale, ce qui contribue à différencier bien davantage leurs modes d'expression.

La fonction du roménès est plus d'exprimer de la sociabilité que d'échanger des idées. Le roménès, langue très imagée, a essentiellement pour double fonction d'empêcher la compréhension par des personnes tierces, et de favoriser la reconnaissance entre membres d'une même communauté, renforçant par là même la solidarité au sein du groupe.

Les plus gros emprunts du roménès concernent l'allemand et le grec. Les Sínté vont adopter et simplifier un nombre important de mots allemands et alsaciens.

Le roménès s'est appauvri au fur et à mesure de la modernisation de la vie ; cela peut être interprété de plusieurs façons : manque d'évolution lié à la perte du nomadisme, ou volonté de ne pas se mélanger aux autres.

Dans la plupart des cas, lorsqu'un mot nouveau est utilisé (ordinateur, internet, téléphone,...), le mot de la langue environnante est intégré au roménès, alors qu'en même temps, une partie du vocabulaire hérité est perdu pour les raisons les plus diverses (tabous, calques ou autres types d'influences,...).

PHONÉTIQUE

Pour des raisons pratiques, la méthode, constituée d'après plusieurs listes de mots recueillis dans différentes communautés de Sínté (Allemagne, Alsace-Lorraine, Belgique, France et Pays-Bas), se conforme à la graphie du français.

Les voyelles se prononcent comme en français.

Le " *án* " de " k*án* " se prononce comme le " *ân* " de " *âne* " ou le " *ann* " de " *ann*iversaire ".

Le " *èn* " de " bachrép*èn* " se prononce comme le " *eine* " de " v*eine* " ou le " *aine* " de " pl*aine* ".

Le " *ï* " de " pra*ï*so " se prononce comme le " *ï* " de mono*ï* ou le " *ille* " de " pa*ille* ".

Le " *ín* " de " tr*ín* " se prononce comme le " *ine* " de " poitr*ine* " ou le " *ine* " de " cuis*ine* ".

Les consonnes se prononcent avec un son dur (à l'allemande).

Le " *g* " de " boumblé*g*o " se prononce comme le " *g* " de *g*are ou le " *gue* " de " va*gue* ".

Le " *kh* " de " *kh*ér " est légèrement soufflé.

Le " *rh* " de " o*rh*to " se prononce comme le " *ch* " allemand de " A*ch*tung " ou le " *j* " espagnol de " *j*amón ".

Le " *s* " de " hi*s* " se prononce comme le " *s* " de " *s*amedi " ou le " *s* " de " mor*s*ure ".

Le " *th* " de " *th*out " est légèrement soufflé.

Le " *w* " de " ch*w*éro " se prononce comme le " *w* " de " *w*hisky " ou le " *w* " de " *w*arning ".

1ÈRE LEÇON
LES GENRES

Les articles

Les articles ***définis***

- ***" o " : le.***

- *O* maro : *le* pain.

Ginal kán *o* maro ? : As-tu acheté *le* pain ?

- *O* bakro : *le* mouton.

Dikoum *o* bakro : j'ai vu *le* mouton.

- *O* chafrépèn : *le* travail.

Kram *o* chafrépèn : nous avons fait *le* travail.

- O drap : le médicament.

Lé o drap ! : Prends le médicament !

- O métsgari : le boucher.

Djo pach o métsgari : je vais chez le boucher.

- O pakovo : le four.

Rénïo o pakovo : je nettoie le four.

- O hazo : le lapin.

Ïarhto o hazo : je chasse le lapin.

- O tchibèn : le lit.

Kro o tchibèn : je fais le lit.

- O morch : l'homme.

O morch rakèl : l'homme parle.

- O kirbari : le forain.

Kro har o kirbari : je fais comme le forain.

- ***" i " : la.***

- *I* ticha : *la* table.

Rénïo *i* ticha : je nettoie *la* table.

- *I* lirhta : *la* lumière.

Kro *i* lirhta án : j'allume *la* lumière.

- *I* tila : *la* planche.

Tchino *i* tila : je coupe *la* planche.

- I djouvèl : la femme.

I djouvèl rakèl : la femme parle.

- I kinégétsa : la reine.

Kamo té vap ridi har i kinégétsa : je veux être habillée comme la reine.

- I voula : la laine.

Chafro i voula : je travaille la laine.

- I kibla : la bassine.

Afro i kibla pré : je ramasse la bassine.

- I épla : la pomme.

Rho i épla : je mange la pomme.

- I rán : la canne à pêche.

Rándjiro i rán : je range la canne à pêche.

- I knérhtétsa : la servante.

I knérhtétsa rénïèl : la servante nettoie.

- ***" o " : les.***

- *O* héki : *les* haies.

Hi lo drèn án *o* héki : il est dans *les* haies.

- _O_ chlisli : _les_ clefs.

Hi tout _o_ chlisli kán ? : As-tu _les_ clefs ?

- _O_ tigarïa : _les_ tigres.

_O_ tigarïa nachèl sik : _les_ tigres courent vite.

- O groumnïa : les vaches.

La o groumnïa vri : nous libérons les vaches.

- O apfélzini : les oranges.

Afrán o apfélzini pré : vous avez ramassé les oranges.

- O katsi : les chats.

O katsi rhal tél i ticha : les chats mangent sous la table.

- O radi : les roues.

Moukán lé o radi : ils ont laissé les roues.

- O adlarïa : les aigles.

Diko o adlarïa án o bolépèn : je vois les aigles dans le ciel.

- O grasnïa : les juments.

Dika o grasnïa : nous regardons les juments.

- O chpini : les araignées.

O chpini féltèl mán gar : je n'apprécie pas les araignées.

Les articles _indéfinis_ :

- _" i " : un._

- _I_ bourho : _un_ livre.

Lézo _i_ bourho télé : je lis _un_ livre.

- _I_ tchirklo : _un_ oiseau.

Trapam _i_ tchirklo : nous avons attrapé _un_ oiseau.

- _I_ glazo : _un_ verre.

Khosèl lo _i_ glazo : il essuie _un_ verre.

- I plougari : un laboureur.

Diko i plougari án o chtiko : je vois un laboureur dans le champ.

- I djoukèl : un chien.

Ginoum i djoukèl : j'ai acheté un chien.

- I zéro : un lac.

Kamo té padrap mán án i zéro : je veux me baigner dans un lac.

- I chtroso : un chemin.

Djo dourch i chtroso : je traverse un chemin.

- I lébo : un lion.

Dikoum i lébo taïsa rati : j'ai vu un lion hier soir.

- I tsidari : un cèdre.

Béchoum mán lángs i tsidari : je me suis assis à côté d'un cèdre.

- I pral : un frère.

Nachroum i pral : j'ai perdu un frère.

- ***" i " : une.***

- *I* kapa : *une* casquette.

Lal kán *i* kapa ? : As-tu pris *une* casquette ?

- *I* rima : *une* courroie.

Bikrèl lo i rima : il vend une courroie.

- *I* chlousla : *une* mare.

Kamo gar té pérap án *i* chlousla : je ne veux pas tomber dans *une* mare.

- I atsla : une pie.

Nachti dikap i atsla tél i ticha : je peux voir une pie sous la table.

- I khér : une maison.

Sové kán án i khér ? : Dors-tu dans une maison ?

- I fabrika : une usine.

Chafrèl lé án i fabrika : ils travaillent dans une usine.

- I faïla : une lime.

Brorho i faïla : j'ai besoin d'une lime.

- I ima : une abeille.

Maroum i ima : j'ai tué une abeille.

- I bola : une louche.

Roda i bola : nous cherchons une louche.

- I kor : une noix.

Atsoum i kor : j'ai trouvé une noix.

- ***<u>L'article indéfini " des " n'existe pas :</u>***

- *<u>I</u>* épla : *<u>une</u>* pomme.

Rho épli : je mange *<u>des</u>* pommes.

- *<u>I</u>* tchavo : *<u>un</u>* enfant.

Hi tout tchavé kán ? : As-tu *<u>des</u>* enfants ?

- *<u>I</u>* chlislo : *<u>une</u>* clef.

Atsoum chlisli : j'ai trouvé *<u>des</u>* clefs.

- I tchouri : un couteau.

Chlaïfa tchourïa : nous aiguisons des couteaux.

- I gili : une chanson.

Gip gilïa ! : Chante des chansons !

- I béro : un ours.

Hi béri án o véch : il y a des ours dans la forêt.

- I chwalma : une hirondelle.

Hi chwalmi án o bolépèn : il y a des hirondelles dans le ciel.

- I bourho : un livre.

Féltèl mán té lézap bourhi télé : j'apprécie lire des livres.

- I adlari : un aigle.

Hi adlarïa pral mándé : il y a des aigles au-dessus de moi.

- I djoukli : une chienne.

Hi djouklïa : ce sont des chiennes.

Les adjectifs

Les adjectifs qui se terminent par une ***consonne*** sont ***invariables***. En voici quelques exemples :

- ***Véïs*** : blanc / blancs / blanche / blanches :

- I vamchto : un tricot.

Diko ap i *véïs* vamchto : je regarde un tricot *blanc*.

Nachral o *véïs* vamchti : tu as perdu les tricots *blancs*.

- I kapa : une casquette.

Atsoum i *véïs* kapa : j'ai trouvé une casquette *blanche*.

Bikral o *véïs* kapi : tu as vendu les casquettes *blanches*.

- ***Choukar*** : beau / beaux / belle / belles :

- I volfo : un loup.

O *choukar* volfo nachèl : le *beau* loup court.

Diké ap o *choukar* volfi : tu regardes les *beaux* loups.

- I atsla : une pie.

I *choukar* atsla fligèl : la *belle* pie vole.

Bikroum o *choukar* atsli : j'ai vendu les *belles* pies.

- ***Midjarh*** : méchant / méchants / méchante / méchantes :

- I niglo : un hérisson.

Atsoum i *midjarh* niglo : j'ai trouvé un *méchant* hérisson.

O *midjarh* nigli nachèl bout : les *méchants* hérissons courent beaucoup.

- I héksa : une sorcière.

Kamo gar té vap i *midjarh* héksa : je ne veux pas être une *méchante* sorcière.

O *midjarh* héksi féltèl mán gar : je n'apprécie pas les *méchantes* sorcières.

Les autres adjectifs prennent la *terminaison* :

- ***" o " : au masculin singulier :***

- Kaml*o* : genti*l*.

O kaml*o* djoukèl : le genti*l* chien.

- Latch*o* : bo*n*.

O latch*o* gitarari : le bo*n* guitariste.

- Godjébr*o* : intelligen*t*.

Hi lo godjébr*o* : il est intelligen*t*.

- Pouro : vieux.

O pouro gadjo : le vieux gadjo.

- Baro : grand.

Hi lo baro : il est grand.

- Tikno : petit.

O tikno tchavo : le petit garçon.

- Bríndjédo : connu.

I bríndjédo gimaskro : un chanteur connu.

- Bokélo : affamé.

I bokélo graï : un cheval affamé.

- Raïlo : élégant.

I raïlo morch : un homme élégant.

- Djoungélo : vilain.

O djoungélo tchorébaskro : le vilain voleur.

- ***" i " : au féminin singulier :***

- Kaml*i* : gentil*le*.

I kaml*i* djoukli : la gentil*le* chienne.

- Latch*i* : bon*ne*.

I latch*i* gitararétsa : la bon*ne* guitariste.

- Godjébr*i* : intelligen*te*.

Hi li godjébr*i* : elle est intelligen*te*.

- Pouri : vieille.

I pouri gadji : la vieille gadji.

- Bari : grande.

Hi li bari : elle est grande.

- Tikni : petite.

I tikni tchaï : la petite fille.

- Bríndjédi : connue.

I bríndjédi gimaskri : une chanteuse connue.

- Bokéli : affamée.

I bokéli grasni : une jument affamée.

- Raïli : élégante.

I raïli djouvèl : une femme élégante.

- Djoungéli : vilaine.

I djoungéli tchorébaskri : la vilaine voleuse.

- ***" é " : au pluriel des deux genres :***

- Kaml*é* : genti*ls* / gentil*les*.

O kaml*é* djouklé / djouklïa : les genti*ls* chiens / les gentil*les* chiennes.

- Latch*é* : bo*ns* / bon*nes*.

O latch*é* gitararïa / gitararétsi : les bo*ns* guitaristes / les bon*nes* guitaristes.

- Godjébr*é* : intelligen*ts* / intelligen*tes*.

Hi lé godjébr*é* : ils sont intelligen*ts* / elles sont intelligen*tes*.

- Pouré : vieux / vieilles.

O pouré gadjé / gadjïa : les vieux gadjé / les vieilles gadjïa.

- Baré : grands / grandes.

Hi lé baré : ils sont grands / elles sont grandes.

- Tikné : petits / petites.

O tikné tchavé / tchaïa : les petits garçons / les petites filles.

- Bríndjédé : connus / connues.

O bríndjédé giméngré / gimaskrïa : les chanteurs connus / les chanteuses connues.

- Bokélé : affamés / affamées.

O bokélé graïa / grasnïa : les chevaux affamés / les juments affamées.

- Raïlé : élégants / élégantes.

O raïlé morcha / djouvïa: les hommes élégants / les femmes élégantes.

- Djoungélé : vilains / vilaines.

O djoungélé tchorépángré / tchorébaskrïa : les vilains voleurs / les vilaines voleuses.

Les noms

Les **noms masculins** prennent la ***terminaison :***

- ***" o " :***

- Chpilo : jeu.

I latcho chpilo hi : c'est un bon jeu.

- Hazo : lapin.

O hazo nachèl sik : le lapin court vite.

- Bánko : banc.

Béch tout ap o bánko ! : Assois-toi sur le banc !

- Tchirklo : oiseau.

Diko ap o tchirklo : je regarde l'oiseau.

- Bogo : archet.

Bikras lo i bogo : il a vendu un archet.

- Chpatso : moineau.

O chpatso fligèl : le moineau vole.

- Afo : singe.

O afo hi án o rouk : le singe est dans l'arbre.

- Chtalo : acier.

Chafro o chtalo : je travaille l'acier.

- Afokato : avocat.

Kamo té vap i afokato : je veux devenir avocat.

- Papiro : papier.

Brorhé papiro : tu as besoin de papier.

- ***" ari " :***

- Achpéchari : cendrier.

Dé mán o achpéchari ! : Donne-moi le cendrier !

- Doktari : docteur.

Diko o doktari taïsa : je vois le docteur demain.

- Aïmétari : moissonneur.

His i aïmétari : c'était un moissonneur.

- Choulari : instituteur.

Rakam mit o choulari : nous avons parlé avec l'instituteur.

- Ritari : chevalier.

O ritari hi ap o graï : le chevalier est sur le cheval.

- Choumarhari : cordonnier.

Hounti djap pach o choumarhari : je dois aller chez le cordonnier.

- Adlari : aigle.

O adlari hi ap i nachta : l'aigle est sur la branche.

- Povari : paysan.

O povari chafrèl o chtiko : le paysan travaille le champ.

- Basari : contrebassiste.

O basari bachrèl michto : le contrebassiste joue bien.

- Félari : défaut.

I baro félari hi : c'est un grand défaut.

- ***" bèn / pèn / ba " : lorsqu'ils ont été formés à partir d'un verbe :***

- Tchibèn : lit.

Pach tout án o tchibèn ! : Couche-toi dans le lit !

- Bolépèn : ciel.

O bolépèn hi choukar : le ciel est beau.

- Kochéba : jurement.

Avo kochéba ! : Quel jurement !

- Thobèn : lavage.

Kra o thobèn ako divès : nous faisons le lavage chaque jour.

- Flourhépèn : blasphème.

O flourhépèn hi potémèn : le blasphème est interdit.

- Flikéba : raccommodage.

Finira o flikéba : nous finissons le raccommodage.

- Gibèn : chant.

Givo o gibèn : je chante le chant.

- Lodépèn : logement.

Roda o lodépèn : nous cherchons le logement.

- Flérhtéba : tissage.

Fángras li o flérhtéba án : elle a commencé le tissage.

- Ribèn : costume.

O ribèn hi lángs toutar : le costume est à côté de toi.

Les **noms féminins** prennent la ***terminaison*** :

- ***" a " (sauf ceux terminés en " ba ", ainsi que le mot kova) :***

- Chwébla : allumette.

Hi mán i chwébla : j'ai une allumette.

- Écha : cendre.

Lé i écha vèk ! : Enlève la cendre !

- Viga : balance.

Bikroum i viga : j'ai vendu la balance.

- Blana : bâche.

I blana péras : la bâche est tombée.

- Flacha : bouteille.

I lér flacha hi : c'est une bouteille vide.

- Chtima : voix.

I choukar chtima hi tout : tu as une belle voix.

- Bria : bouillie.

I bria tatchèl : la bouillie chauffe.

- Vila : volonté.

Hi mán i vila : j'ai la volonté.

- Aléïa : allée.

Haltroum mán glán i aléïa : je me suis arrêté devant une allée.

- Fraïda : joie.

I fraïda mángé hi té dikap tout papsé : c'est une joie pour moi de te revoir.

- ***" i " (sauf : ceux terminés en " ari ", ainsi que les mots " pani " et " dji ") :***

- Héri : jambe.

Diko ap i héri : je regarde la jambe.

- Goustri : bague.

Rodé i goustri ! : Cherche la bague !

- Mouri : mûre.

Rho i mouri : je mange une mûre.

- Groumni : vache.

I groumni sovèl : la vache dort.

- Kirvi : marraine.

I latchi kirvi hi : c'est une bonne marraine.

- Choutli : salade.

Féltèl mán i choutli : j'apprécie la salade.

- Zoumi : soupe.

Rha i zoumi : nous mangeons la soupe.

- Papi : oie.

I papi hi glán i parha : l'oie est devant la rivière.

- Sastréni : locomotive.

I sastréni houfèl glán : la locomotive avance.

- Krisni : mairie.

Houm pal i krisni án : je suis derrière la mairie.

Attention : à un nom " masculin " / " féminin " *français* ne correspond pas forcément un nom " masculin " / " féminin " *roménès* : " ***couteau*** *(n. m.)* " : " ***tchouri*** *(n. f.)* " / ***vie*** *(n. f.)* : ***djibèn*** *(n. m.)*.

- Vago : voiture.

Thop o vago ! : Lave la voiture !

- Chwana : cygne.

I chwana hi ap o zéro : le cygne est sur le lac.

- Roïmo : décharge.

Chafra án o roïmo : nous travaillons dans la décharge.

- Mántla : manteau.

Rándjiroum i mántla : j'ai rangé le manteau.

- Pibèn : boisson.

O pibèn hi frich : la boisson est fraîche.

- Tchouri : couteau.

Chlaïfo i tchouri : j'aiguise le couteau.

- Bachrépèn : musique.

Féltèl mán o bachrépèn : j'apprécie la musique.

- Réta : râteau.

Nachroum i réta : j'ai perdu le râteau.

- Chtérhéba : piqûre.

Dik o chtérhéba ! : Regarde la piqûre !

- Mousi : bras.

I mousi ap i ticha : le bras sur la table.

Il n'est pas toujours facile de savoir si les noms se terminant par une ***consonne*** sont masculins ou féminins. On peut le savoir :

- ***Grâce à l'adjectif :***

- Mol : vin.

I latchi mol : le bon vin.

- Mas : viande.

O latcho mas : la bonne viande.

- Rán : canna à pêche.

Loum i bari rán : j'ai pris la grande canne à pêche.

- Voudar : porte.

O baro voudar : la grande porte.

- Bétch : poitrine.

Diko ap i loli bétch : je regarde la poitrine rouge.

- Kisik : portefeuille.

Hi mán i baro kisik : j'ai un grand portefeuille.

- Mén : cou.

I tikni mén hi lès : il a un petit cou.

- Drom : route.

O loungo drom : la longue route.

- Por : plume.

Atsoum i kali por : j'ai trouvé une plume noire.

- Charh : chou.

Avo latcho charh ! : Quel bon chou !

- ***<u>S'il désigne un homme ou une femme :</u>***

- Morch : homme.

Dik o morch glán ! : Regarde l'homme devant !

- Pén : sœur.

Miri pén hi : c'est ma sœur.

- Djouvèl : femme.

I bari djouvèl hi : c'est une grande femme.

- Dat : père.

Miro dat hi : c'est mon père.

- Rom : mari.

Miro rom hi : c'est mon mari.

- Pral : frère.

Aké miro pral : voici mon frère.

- Kak : oncle.

Dikam tiro kak : nous avons vu ton oncle.

- Romni : femme.

Miri romni hi : c'est ma femme.

Autrement, seul l'usage peut nous l'indiquer.

2ÈME LEÇON
LE PLURIEL

Attention : **les noms masculins en " *a* " sont invariables** : *kova, chtérhéba, féléba,…*

Les noms masculins

Tous les **noms masculins** d'**origine germanique** en " *o* " forment leur pluriel en " ***i*** " :

- Niglo : hérisson.

Atsoum nigli : j'ai trouvé des hérissons.

- Vago : voiture.

Bikral tiré vagi kán ? : As-tu vendu tes voitures ?

- Héko : haie.

Hi lé pal o héki : ils sont derrière les haies.

- Mónto : moi.

Án trín mónti : dans trois mois.

- Bónbo : bonbon.

Dé mán bónbi : donne-moi des bonbons.

- Praïso : prix.

Dikal o praïsi kán ? : As-tu vu les prix ?

- Ánglo : hameçon.

Lal o ángli kán ? : As-tu pris les hameçons ?

- Chifo : bateau.

Hi bout chifi ap o méro : il y a beaucoup de bateaux sur la mer.

- Takso : blaireau.

His pardo taksi : c'était plein de blaireaux.

- Chtoko : bâton.

Atsoum douï chtoki ap o drom : j'ai trouvé deux bâtons sur la route.

Tous les **noms masculins** d'**origine germanique** en " ***ari*** " forment leur pluriel en " ***arïa*** " :

- Pék*ari* : boulanger.

O pék*arïa* chafrèl : les boulangers travaillent.

- Broud*ari* : moine.

O broud*arïa* pétrèl : les moines prient.

- Chéf*ari* : berger.

Nachti dikés o chéf*arïa* án i félda : tu peux voir les bergers dans le champ.

- Chtoupari : bouchon.

Hi chtouparïa ap i ticha : il y a des bouchons sur la table.

- Fligari : avion.

Hi pardo fligarïa án o bolépèn : il y a plein d'avions dans le ciel.

- Achpéchari : cendrier.

Nachroum o tchélé achpécharïa : j'ai perdu tous les cendriers.

- Ritari : chevalier.

Hi ritarïa : ce sont des chevaliers.

- Tsidari : cèdre.

O tsidarïa féltèl mán : j'apprécie les cèdres.

- Gartnari : jardinier.

O gartnarïa chafrèl án i garta : les jardiniers travaillent dans le jardin.

- Adlari : aigle.

O adlarïa fligèl horh : les aigles volent haut.

Tous les **noms masculins** d'**origine plus ancienne** (**indo-aryenne**, **grecque**, **persane**,...) en " ***o*** " forment leur pluriel en " ***é*** " :

- Gadj*o* : homme ne faisant ni partie de la communauté des Sínté ni de celle dite des gens du voyage.

Ham gar har o gadj*é* : nous ne sommes pas comme les gadjé.

- Bal*o* : cochon.

Ginoum bal*é* : j'ai acheté des cochons.

- Rhul*o* : homme ne faisant pas partie de la communauté des Sínté mais de celle dite des gens du voyage.

Aké o rhul*é* ! : Voici les rhulé !

- Tchirklo : oiseau.

Ïarhto o tchirklé : je chasse les oiseaux.

- Moskro : maire.

Dikam o moskré : nous avons vu les maires.

- Klisto : policier.

Dik o klisté ! : Regarde les policiers !

- Bakro : mouton.

Chto pral o bakré : je saute au-dessus des moutons.

- Tcharo : bol.

Hi tout tcharé kán ? : As-tu des bols ?

- Raklo : jeune garçon ne faisant ni partie de la communauté des Sínté ni de celle dite des gens du voyage.

Féltèl mán gar o raklé : je n'apprécie pas les raklé.

- Gouchto : doigt.

O gouchté doukèl mán : les doigts me font mal.

Les noms féminins

Tous les **noms féminins** d'**origine germanique** en " ***a*** " forment leur pluriel en " ***i*** " :

- Bir*a* : bière.

Piam bir*i* : nous avons bu des bières.

- Chránk*a* : armoire.

Hi pardo chránk*i* : il y a plein d'armoires.

- Hof*a* : ferme.

Dikoum hof*i* : j'ai vu des fermes.

- Chala : coquillage.

Loum o chali : j'ai pris les coquillages.

- Goufa : épingle.

Brorho goufi : j'ai besoin d'épingles.

- Lada : épicerie.

Dja té dikèl án o tchélé ladi : va voir dans toutes les épiceries.

- Aksa : essieu.

Pagoum o aksi : j'ai cassé les essieux.

- Founka : étincelle.

Kréla founki : ça fait des étincelles.

- Choula : école.

Kras lo bout chouli : il a fait beaucoup d'écoles.

- Atsla : pie.

Djivèl lo machkral o atsli : il vit au milieu des pies.

Tous les **noms féminins** d'**origine plus ancienne** (**indo-aryenne**, **grecque**, **persane**,...) en " ***i*** " forment leur pluriel en " ***ïa*** " :

- Tchour*i* : couteau.

Chlaïfo o tchour*ïa* : j'aiguise les couteaux.

- Hér*i* : jambe.

Diko ap o hér*ïa* : je regarde les jambes.

- Mous*i* : bras.

O mous*ïa* ap i ticha : les bras sur la table.

- Kángli : peigne.

Bikrèl lo kánglïa : il vend des peignes.

- Grasni : jument.

O grasnïa rhal michto : les juments mangent bien.

- Mouri : mûre.

Rho mourïa : je mange des mûres.

- Djoukli : chienne.

Hi mán djouklïa : j'ai des chiennes.

- Papi : oie.

Dikèn ap o papïa : vous regardez les oies.

- Krisni : mairie.

Kram o tchélé krisnïa : nous avons fait toutes les mairies.

- Piri : pot.

Pagas lo o pirïa : il a cassé les pots.

Les noms (*masculins ou féminins*) **terminés par une consonne** et **quelques noms en** " ***o*** " (" ***foro*** ", " ***tchiro*** ", " ***rharo***") forment leur pluriel en " ***a*** ", en " ***ïa*** " **ou restent invariables** :

- Da*p* : coup.

Loum da*va* : j'ai pris des coups.

- Pé*n* : sœur.

Miré douï pé*nïa* : mes deux sœurs.

- Li*l* : lettre.

Bitchas mán lo lil : il m'a envoyé des lettres.

- Pral : frère.

Hi mán chtar prala : j'ai quatre frères.

- Djouvèl : femme.

O djouvïa rakèl kéténé : les femmes parlent ensemble.

- Bal : cheveu.

Thop tiré bal ! : Lave tes cheveux !

- Mal : ami.

Hi miré mala : ce sont mes amis.

- Foro : ville.

O tchélé forïa troumal : toutes les villes autour.

- Mol : vin.

Hi latché mol : ce sont de bons vins.

- Brol : poire.

Afra brola pré : nous ramassons des poires.

3ÈME LEÇON
LES DECLINAISONS

Il y a quelques années, les noms se déclinaient suivant le rôle qu'ils avaient dans la phrase (sujet, complément,...). Les jeunes, aujourd'hui, en voient moins l'utilité dans la mesure où la place du nom et l'emploi des prépositions indique la plupart du temps ce rôle. Cependant, ces déclinaisons existent toujours et sont employées quelques fois : ainsi, " *niglo* " devient *nigléngé* dans l'expression : " *djo nigléngé* " : " *je vais à la chasse aux hérissons* ".

Nous étudierons tout d'abord le **génitif**, puis nous nous intéresserons au **datif**, et enfin, nous finirons par étudier le **locatif**.

Les désinences du génitif

Au masculin singulier :

Lorsque le génitif **est suivi** d'un nom **masculin singulier** :

- ***" éskro " :***

- *Hazo* : *lapin* / Pélso : fourrure.

O *hazéskro* pélso : la fourrure *de lapin*.

- Volfo : loup / Pélso : fourrure.

O volféskro pélso : la fourrure de loup.

- Morch : homme / Piro : pied.

O morchéskro piro : le pied de l'homme.

- Morch : homme / Nak : nez.

O morchéskro nak : le nez de l'homme.

- Dat : père / Tchavo : enfant.

O datéskro tchavo : l'enfant du père.

Lorsque le génitif **est suivi** d'un nom **féminin singulier** :

- ***" éskri " :***

- *Hazo* : *lapin* / Chpoura : trace.

I *hazéskri* chpoura : la trace *de lapin*.

- Volfo : loup / Chpoura : trace.

I volféskri chpoura : la trace de loup.

- Maro : pain / Korba : corbeille.

I maréskri korba : la corbeille de pain.

- Kham : soleil / Chtrama : rayon.

I khaméskri chtrama : le rayon de soleil.

- Dat : père / Tchaï : fille.

I datéskri tchaï : la fille du père.

Au féminin singulier :

Lorsque le génitif **est suivi** d'un nom **masculin singulier** :

- ***" akro " :***

- *Gaïza* : *chèvre* / Kiral : fromage.

O *gaïzakro* kiral : le fromage *de chèvre*.

- Frécha : grenouille / Gifto : poison.

O fréchakro gifto : le poison de grenouille.

- Rétcha : canard / Topo : patte.

O rétchakro topo : la patte de canard.

- Chwalma : hirondelle / Topo : patte.

O chwalmakro topo : la patte d'hirondelle.

- Groumni : vache / Thout : lait.

O groumnakro thout : le lait de vache.

Lorsque le génitif **est suivi** d'un nom **féminin singulier** :

- ***" akri " :***

- *Krota* : *crapaud* / Tchoungra : bave / crachat.

I *krotakri* tchoungra : la bave *de crapaud*.

- Réba : vigne / Ránga : rang.

I rébakri ránga : le rang de la vigne.

- Ïak : feu / Vala : vague.

I ïakakri vala : une vague de feu.

- Djamba : grenouille / Chounka : cuisse.

I djambakri chounka : une cuisse de grenouille.

- Maïsla : mésange / Fliga : aile.

I maïslakri fliga : l'aile de mésange.

Au pluriel des deux genres :

Lorsque le génitif **est suivi** d'un nom **masculin singulier** :

- ***" éngro " :***

- *Tchavo* : *enfant* / Dat : père.

O *tchavéngro* dat : le père *des enfants*.

- Tchavo : enfant / Chpilo : jeu.

O tchavéngro chpilo : le jeu des enfants.

- Gadjo : homme ne faisant ni partie de la communauté des Sínté ni de celle dite des gens du voyage / Khér : maison.

O gadjéngro khér : la maison des gadjé.

- Bakro : mouton / Drom : route.

O bakréngro drom : la route des moutons.

- Gadjo : homme ne faisant ni partie de la communauté des Sínté ni de celle dite des gens du voyage / Tchavo : enfant / fils.

O gadjéngro tchavo : le fils des gadjé.

Lorsque le génitif **est suivi** d'un nom **féminin singulier** :

- ***" éngri " :***

- *Tchavo* : *enfant* / Daï : mère.

I *tchavéngri* daï : la mère *des enfants*.

- Tchavo : enfant / Pie : atsla.

I tchavéngri atsla : la pie des enfants.

- Gadjo : homme ne faisant ni partie de la communauté des Sínté ni de celle dite des gens du voyage / Hofa : ferme.

I gadjéngri hofa : la ferme des gadjé.

- Bakro : mouton / Viza : prairie.

I bakréngri viza : la prairie des moutons.

- Gadjo : homme ne faisant ni partie de la communauté des Sínté ni de celle dite des gens du voyage / Tchaï : fille.

I gadjéngri tchaï : la fille des gadjé.

Lorsque le génitif **est suivi** d'un nom **masculin / féminin pluriel** :

- ***" éngré " :***

- *Tchavo* : *enfant* / Éltri : parents.

O *tchavéngré* éltri : les parents *des enfants*.

- Tchavo : enfant / fils / Chpilo : jeu.

O tchavéngré chpili : les jeux des enfants.

- Gadjo : homme ne faisant ni partie de la communauté des Sínté ni de celle dite des gens du voyage / Tchavo : enfant.

O gadjéngré tchavé : les enfants des gadjé.

- Gadjo : homme ne faisant ni partie de la communauté des Sínté ni de celle dite des gens du voyage / Tchaï : fille.

O gadjéngré tchaïa : les filles des gadjé.

- Klisto : policier / Pouchka : fusil.

O klisténgré pouchki : les fusils des policiers.

Le **génitif** est souvent ***employé seul***, formé ***à partir d'un nom*** ; on sous-entend alors " ***celui de*** " :

Lorsque le génitif **est formé** sur la base d'un nom **masculin singulier** et **désigne un masculin** :

- ***" éskro " :***

- *Vago* : *voiture*.

O *vagéskro* : le *garagiste*.

- Piro : pied.

O piréskro : le garde.

- Moulo : mort.

O mouléskro : le fantôme.

- Rat : sang.

O ratéskro : le vétérinaire.

- Véch : forêt.

O véchéskro : le garde forestier.

Lorsque le génitif **est formé** sur la base d'un nom **masculin singulier** et **désigne un féminin** :

- ***" éskri " :***

- *Vago* : *voiture*.

I *vagéskri* : le *garagiste* (femme).

- Piro : pied.

I piréskri : le garde (femme).

- Moulo : mort.

I mouléskri : le fantôme (femme).

- Rat : sang.

I ratéskri : le vétérinaire (femme).

- Véch : forêt.

I véchéskri : le garde forestier (femme).

Lorsque le génitif **est formé** sur la base d'un nom **masculin singulier** et **désigne un pluriel** :

- ***" éngré " :***

- *Vago* : *voiture*.

O *vagéngré* : les *garagistes*.

- Piro : pied.

O piréngré : les gardes.

- Moulo : mort.

O mouléngré : les fantômes.

- Rat : sang.

O raténgré : les vétérinaires.

- Véch : forêt.

O véchéngré : les gardes forestiers.

Lorsque le génitif **est formé** sur la base d'un nom **féminin singulier** et **désigne un masculin** :

- ***" éskro " :***

- *Gaïza* : *chèvre*.

O *gaïzéskro* : le *berger*.

- Poup : terre.

O poupéskro : le laboureur.

- Tchor : barbe.

O tchoréskro : le barbier.

- Grasni : jument.

Grasnéskro : maréchal-ferrant.

- Késla : marmite.

Késléskro : celui qui fait cuire dans la marmite.

Lorsque le génitif **est formé** sur la base d'un nom **féminin singulier** et **désigne un féminin** :

- ***" éskri " :***

- *Gaïza* : *chèvre*.

I *gaïzéskri* : la *bergère*.

- Poup : terre.

I poupéskri : la laboureuse.

- Tchor : barbe.

I tchoréskri : la barbière.

- Grasni : jument.

I grasnéskri : le maréchal-ferrant (femme).

- Késla : marmite.

I késléskri : celle qui fait cuire dans la marmite.

Lorsque le génitif **est formé** sur la base d'un nom **féminin singulier** et **désigne un pluriel** :

- ***" éngré " :***

- *Gaïza* : *chèvre*.

O gaïzéngré : les bergers.

- Poup : terre.

O poupéngré : les laboureurs.

- Tchor : barbe.

O tchoréngré : les barbiers.

- Grasni : jument.

O grasnéngré : les maréchaux-ferrants (femme).

- Késla : marmite.

O késléngré : ceux qui font cuire dans la marmite.

Le **génitif** est souvent ***employé seul***, formé ***à partir d'un verbe*** ; on sous-entend alors " ***celui qui*** " :

Lorsque le génitif **est formé** sur la base d'un nom **masculin singulier** en " ***bèn*** " (formé à partir d'un verbe) (le " ***b*** " de ***bèn*** se transformera alors en " ***m*** ") et **désigne un masculin** :

- ***" askro " :***

- *So* : *je ris* → Sabèn : rire.

O *samaskro* : *le rieur*.

- Rho : je mange → Rhabèn : nourriture.

O rhamaskro : le mangeur.

- Pio : je bois → Pibèn : boisson.

O pimaskro : le buveur.

- Givo : je chante → Gibèn : chant.

O gimaskro : le chanteur.

- Djo : je vais → Djabèn : démarche.

O djamaskro : le vagabond.

Lorsque le génitif **est formé** sur la base d'un nom **masculin singulier** en " ***pèn*** " (formé à partir d'un verbe) (le " ***p*** " de ***pèn*** se transformera alors en " ***m*** ") et **désigne un masculin** :

- <u>" askro " :</u>

- *<u>Khélo</u>* : *<u>je danse</u>* → Khélépèn : danse.

O *<u>khélémaskro</u>* : *<u>le danseur</u>*.

- Rako : je parle → Raképèn : langage.

O rakémaskro : le parleur.

- Bachro : je joue (instrument de musique) → Bachrépèn : musique.

O bachrémaskro : le musicien.

- Bikro : je vends → Bikrépèn : vente.

O bikrémaskro : le vendeur.

- Kouro mán : je me bagarre → Kourépèn : bagarre.

O kourémaskro : le bagarreur.

Lorsque le génitif **<u>est formé</u>** sur la base d'un nom **<u>masculin singulier</u>** en " ***<u>ba</u>*** " (formé à partir d'un verbe) et **<u>désigne un masculin</u>** :

- <u>" askro " :</u>

- *<u>Lézo télé</u>* : *<u>je lis</u>* → Lézéba : lecture.

O *<u>lézébaskro</u>* : *<u>le lecteur</u>*.

- Matcho : je pêche → Matchéba : pêche.

O matchébaskro : le pêcheur.

- Pétro : je prie → Pétréba : prière.

O pétrébaskro : le prieur.

- Paso pré : je surveille → Paséba : surveillance.

O pasébaskro : le surveillant.

- Dándro : je mords → Dándréba : morsure.

O dándrébaskro : celui qui mord (chien, loup,…).

Lorsque le génitif **est formé** sur la base d'un nom **masculin singulier** en " ***bèn*** " (formé à partir d'un verbe) (le " ***b*** " de ***bèn*** se transformera alors en " ***m*** ") et **désigne un féminin** :

- ***" askri " :***

- *Chto* : *je saute* → Chtébèn : saut.

I *chtémaskri* : *la sauterelle*.

- Rho : je mange → Rhabèn : manger / nourriture.

I rhamaskri : la table à manger.

- Pio : je bois → Pibèn : boisson.

I pimaskri : la cigarette.

- Sivo : je couds → Sibèn : couture.

I simaskri : la couturière.

- Djo : je vais → Djabèn : démarche.

I djamaskri : la vagabonde.

Lorsque le génitif **est formé** sur la base d'un nom **masculin singulier** en " ***pèn*** " (formé à partir d'un verbe) (le " ***p*** " de ***pèn*** se transformera alors en " ***m*** ") et **désigne un féminin** :

- ***" askri " :***

- *Khélo* : *je danse* → Khélépèn : danse.

I *khélémaskri* : *la danseuse*.

- Doukro : je fais les lignes de la main → Doukrépèn : bonne aventure.

I doukrébaskri : la diseuse de bonne aventure.

- Bachro : je joue (instrument de musique) → Bachrépèn : aboiement / musique.

I bachrémaskri : la contrebasse / guitare.

- Bikro : je vends → Bikrépèn : vente.

I bikrémaskri : la vendeuse.

- Kouro mán : je me bagarre → Kourépèn : bagarre.

I kourémaskri : la bagarreuse.

Lorsque le génitif **est formé** sur la base d'un nom **masculin singulier** en " ***ba*** " (formé à partir d'un verbe) et **désigne un féminin** :

- ***" askri " :***

- *Lézo télé* : *je lis* → Lézéba : lecture.

I *lézébaskri* : *la lectrice*.

- Matcho : je pêche → Matchéba : pêche.

I matchébaskri : la pêcheuse.

- Paso pré : je surveille → Paséba : surveillance.

I pasébaskri : la surveillante.

- Makho : je soigne en faisant des prières → Makhéba : prière qui soigne.

I makhébaskri : la femme qui soigne en faisant des prières.

- Dándro : je mords → Dándréba : morsure.

I dándrébaskri : celle qui mord (chienne, louve,...).

Lorsque le génitif **est formé** sur la base d'un nom **masculin singulier** en " ***bèn*** " (formé à partir d'un verbe) (le " ***b*** " de ***bèn*** se transformera alors en " ***m*** ") et **désigne un pluriel** :

- ***" ángré " :***

- *So* : *je ris* → Sabèn : rire.

O *samángré* : *les rieurs*.

- Rho : je mange → Rhabèn : nourriture.

O rhamángré : les mangeurs.

- Pio : je bois → Pibèn : boisson.

O pimángré : les buveurs.

- Givo : je chante → Gibèn : chant.

O gimángré : les chanteurs.

- Djo : je vais → Djabèn : démarche.

O djamángré : les vagabonds.

Lorsque le génitif **est formé** sur la base d'un nom **masculin singulier** en " ***pèn*** " (formé à partir d'un verbe) (le " ***p*** " de ***pèn*** se transformera alors en " ***m*** ") et **désigne un pluriel** :

- ***" ángré " :***

- *Khélo* : *je danse* → Khélépèn : danse.

O *khélémángré* : *les danseurs*.

- Rako : je parle → Raképèn : langage.

O rakémángré : les parleurs.

- Bachro : je joue (instrument de musique) → Bachrépèn : musique.

O bachrémángré : les musiciens.

- Bikro : je vends → Bikrépèn : vente.

O bikrémángré : les vendeurs.

- Kouro mán : je me bagarre → Kourépèn : bagarre.

O kourémángré : les bagarreurs.

Lorsque le génitif **est formé** sur la base d'un nom **masculin singulier** en " ***ba*** " (formé à partir d'un verbe) et **désigne un pluriel** :

- ***" ángré " :***

- *Lézo télé* : *je lis* → Lézéba : lecture.

O *lézébángré* : *les lecteurs*.

- Matcho : je pêche → Matchéba : pêche.

O matchébángré : les pêcheurs.

- Pétro : je prie → Pétréba : prière.

O pétrébángré : les prieurs.

- Paso pré : je surveille → Paséba : surveillance.

O pasébángré : les surveillants.

- Dándro : je mords → Dándréba : morsure.

O dándrébángré : ceux qui mordent (chien, loup,…).

Le **génitif** a aussi le rôle d'indiquer le ***moment de la journée***, ou ***le jour lui-même*** :

- *Tsarla* : *matin*.

Tsarlakro : *le matin*.

- Mitago : midi.

Mitagéskro : le midi.

- Ovéta : soirée.

Ovétakro : la soirée.

- Samastago : samedi.

Samastagéskro : le samedi.

- Kourko : dimanche.

Kourkéskro : le dimanche.

D'autres formes de déclinaisons existent et sont employées dans les noms :

Les désinences du datif

Avec le verbe aller : " *djo* " : " *je vais* " :

- *Fichrépèn* : *pêche*.

Djo *fichrépaské* : je vais *à la pêche*.

- Kacht : bois.

Djo kachténgé : je vais couper du bois.

- Lourdébèn : régiment.

Djo lourdéngé : je vais à l'armée.

- Mángépèn : vente au porte à porte.

Djo mángébaské : je vais vendre au porte à porte.

- Niglo : hérisson.

Djo nigléngé : je vais à la chasse aux hérissons.

Dans quelques expressions :

- *Chpasa* : *plaisanterie*.

Chpasaké : *pour plaisanter*.

- Rharhi : " tu rigoles ! ".

Rharhéské : pour rigoler.

Pour indiquer l'heure :

- Ïék : un.

Hi ïékaké : il est une heure.

- Douï : deux.

Hi douïéngé : il est deux heures.

- Trín : trois.

Hi trínéngé : il est trois heures.

- Chtar : quatre.

Hi chtaréngé : il est quatre heures.

- Pántch : cinq.

Hi pántchéngé : il est cinq heures.

Les désinences du locatif

Avec quelques noms :

- Divès : jour.

Divèsé : pendant le jour.

- Khér : maison.

Khéré : à la maison.

- Niïal : été.

Niïalé : en été.

- Rat : nuit.

Rati : pendant la nuit.

- Vént : hiver.

Vénté : pendant l'hiver.

Dans quelques expressions :

- Souno : rêve.

Do souni : je rêve.

- Ïak : œil.

Do ïakara : je fais de l'œil.

- Goïi : cris.

Do goïi : je cris

- Rín : pet (vulgaire).

Do rïa : je pète (vulgaire).

- Hèl : clair.

Do hèl : j'éclaire.

4ÈME LEÇON
LES ADJECTIFS

Formation d'adjectifs à partir d'un *mot*

- ***" égo " : lorsque l'adjectif qualifie un nom masculin :***

- Boumblo : homme rondelet.

Hi lo boumbl*égo* : il est gros et rond.

- Chpasa : plaisanterie.

Hi lo chpas*égo* : il est rigolo.

- Élénta : misère.

I élént*égo* morch : un homme misérable.

- Fléka : tache.

I flék*égo* graï : un cheval tacheté.

- Fraïda : joie.

I fraïd*égo* moskro : un maire joyeux.

- ***" égi " : lorsque l'adjectif qualifie un nom féminin :***

- Boumblo : homme rondelet.

Hi li boumbl*égi* : elle est grosse et ronde.

- Chpasa : plaisanterie.

Hi li chpas*égi* : elle est rigolote.

- Élénta : misère.

I élént*égi* djouvèl : une femme misérable.

- Fléka : tache.

I flék*égi* djoukli : une chienne tachetée.

- Fraïda : joie.

I fraïd*égi* chraïbarétsa : une secrétaire joyeuse.

- ***" égé " : lorsque l'adjectif qualifie un pluriel :***

- Boumblo : homme rondelet.

Hi lé boumbl*égé* : ils sont gros et ronds.

- Chpasa : plaisanterie.

Hi lé chpas*égé* : ils sont rigolos.

- Élénta : misère.

O élént*égé* djouvïa : les femmes misérables.

- Fléka : tache.

O flék*égé* djouklïa : les chiennes tachetées.

- Fraïda : joie.

O fraïd*égé* chraïbarétsi : les secrétaires joyeuses.

- ***" éno " : lorsque l'adjectif indique la matière en laquelle est fait l'objet + qualifie un nom masculin :***

- Bar : pierre.

I bar*éno* khér : une maison en pierre.

- Kacht : bois.

I kacht*éno* khér : une maison en bois.

- Pous : paille.

I pous*éno* khér : une maison en paille.

- Roup : argent.

I roup*éno* khér : une maison en argent.

- Voula : laine.

I vouléno khér : une maison en laine.

- ***" éni " : lorsque l'adjectif indique la matière en laquelle est fait l'objet + qualifie un nom féminin :***

- Bar : pierre.

I baréni hofa : une ferme en pierre.

- Kacht : bois.

I kachténi hofa : une ferme en bois.

- Pous : paille.

I pouséni hofa : une ferme en paille.

- Roup : argent.

I roupéni hofa : une ferme en argent.

- Voula : laine.

I vouléni hofa : une ferme en laine.

- ***" éné " : lorsque l'adjectif indique la matière en laquelle sont fait les objets + qualifie un pluriel :***

- Bar : pierre.

O baréné chtouli : les chaises en pierre.

- Kacht : bois.

O kachténé chtouli : les chaises en bois.

- Pous : paille.

O pouséné chtouli : les chaises en paille.

- Roup : argent.

O roupéné chtouli : les chaises en argent.

- Voula : laine.

O vouléné chtouli : les chaises en laine.

- ***" élo " : lorsque l'adjectif indique l'aspect extérieur + qualifie un nom masculin :***

- Djoup : pou.

Hi lo djouv*élo* : il est pouilleux.

- Géra : gale.

Hi lo gér*élo* : il est galeux.

- Mas : viande.

Hi lo mas*élo* : il est viandeux.

- Poump : pus.

Hi lo poump*élo* : il est couvert de pus.

- Zoumi : soupe.

Hi lo zoum*élo* : il est mou.

- ***" éli " : lorsque l'adjectif indique l'aspect extérieur + qualifie un nom féminin :***

- Djoup : pou.

Hi li djouv*éli* : elle est pouilleuse.

- Géra : gale.

Hi li gér*éli* : elle est galeuse.

- Mas : viande.

Hi li mas*éli* : elle est viandeuse.

- Poump : pus.

Hi li poump*éli* : elle est couverte de pus.

- Zoumi : soupe.

Hi li zoum*éli* : elle est molle.

- ***" élé " : lorsque l'adjectif indique l'aspect extérieur + qualifie un pluriel :***

- Djoup : pou.

Hi lé djouv*élé* : ils sont pouilleux / elles sont pouilleuses.

- Géra : gale.

Hi lé gér*élé* : ils sont galeux / elles sont galeuses.

- Mas : viande.

Hi lé mas*élé* : ils sont viandeux / elles sont viandeuses.

- Poump : pus.

Hi lé poump*élé* : ils sont couverts de pus / elles sont couvertes de pus.

- Zoumi : soupe.

Hi lé zoum*élé* : ils sont mous / elles sont molles.

- ***" touno " : lorsque l'adjectif situe + qualifie un nom masculin :***

- Glán : devant.

Hi lo glán*touno* : il est situé devant.

- Machkral : au milieu.

Hi lo machkral*touno* : il est situé au milieu.

- Pal : derrière.

Hi lo pal*touno* : il est situé derrière.

- Pral : dessus.

Hi lo pral*touno* : il est situé dessus.

- Tél : dessous.

Hi lo tél*touno* : il est situé dessous.

- ***" touni " : lorsque l'adjectif situe + qualifie un nom féminin :***

- Glán : devant.

Hi li glán*touni* : elle est située devant.

- Machkral : au milieu.

Hi li machkral*touni* : elle est située au milieu.

- Pal : derrière.

Hi li pal*touni* : elle est située derrière.

- Pral : dessus.

Hi li pral*touni* : elle est située dessus.

- Tél : dessous.

Hi li tél*touni* : elle est située dessous.

- ***" touné " : lorsque l'adjectif situe + qualifie un pluriel :***

- Glán : devant.

Hi lé glán*touné* : ils sont situés devant / elles sont situées devant.

- Machkral : au milieu.

Hi lé machkral*touné* : ils sont situés au milieu / elles sont situées au milieu.

- Pal : derrière.

Hi lé pal*touné* : ils sont situés derrière / elles sont situées derrière.

- Pral : dessus.

Hi lé pral*touné* : ils sont situé dessus / elles sont situées dessus.

- Tél : dessous.

Hi lé tél*touné* : ils sont situés dessous / elles sont situées dessous.

- ***" tiko " : lorsque l'adjectif indique l'arbre à partir du fruit + qualifie un nom masculin :***

- Apfélzina : orange.

I apfélzín*tiko* rouk : un oranger.

- Brol : poire.

I brol*tiko* rouk : un poirier.

- Épla : pomme.

I épl*tiko* rouk : un pommier.

- Kiriasa : cerise.

I kirias*tiko* rouk : un cerisier.

- Ploïma : prune.

I ploïm*tiko* rouk : un prunier.

- ***" tiké " : lorsque l'adjectif : indique l'arbre à partir du fruit + qualifie un pluriel :***

- Apfélzina : orange.

O apfélzín*tiké* rouka : les orangers.

- Brol : poire.

O brol*tiké* rouka : les poiriers.

- Épla : pomme.

O épl*tiké* rouka : les pommiers.

- Kiriasa : cerise.

O kirias*tiké* rouka : les cerisiers.

- Ploïma : prune.

O ploïm*tiké* rouka : les pruniers

Formation des comparatifs et superlatifs

Pour former le ***comparatif*** et le ***superlatif***, il faut ajouter ***édar*** (terminaison invariable) à la ***dernière consonne*** du nom qu'il affecte :

Pour le comparatif,

l'objet de la comparaison est précédé de " ***har*** ", prenant le sens de " ***que*** " :

- Baro : grand.

Hi lo barédar har tou : il est plus grand que toi.

- Braït : large.

Ko vago hi braïtédar har miro : cette voiture est plus large que la mienne.

- Raïn : pur.

Ki épla hi raïnédar har ki ploïma : cette pomme est plus pure que cette prune.

- Korts : court.

Hi kortsédar har tiri : c'est plus court que la tienne.

- Pouro : vieux.

Houm pourédar har tou : je suis plus vieux que toi.

Pour le superlatif,

l'objet de la comparaison est précédé de " ***foun*** ", prenant le sens de " ***de*** " (si l'on souhaite préciser sur qui porte la supériorité) :

- Kamlo : gentil.

O kamlédar foun o tchélé lébi : le plus gentil de tous les lions.

- Tarno : jeune.

O tarnédar foun o tani : le plus jeune des sapins.

- Tounk : sombre.

Hi o tounkédar foun o mónto : c'est le plus sombre du mois.

- Choukar : beau.

Hi i choukarédar : c'est la plus belle.

- Chwèr : lourd.

Hi o chwèrédar : c'est le plus lourd.

Mise en valeur de l'adjectif :

- ***" bout " : " très " :***

- Dik : gras.

Hi bout dik : c'est très gras.

- Éïnfarh : simple.

Hi li bout éïnfarh : elle est très simple.

- Faïn : fin.

Ki chlaïa hi bout faïn : cette tanche est très fine.

- Bléïrh : pâle.

Hi lo bout bléïrh : il est très pâle.

- Charf : aigre.

I choutli hi bout charf : la vinaigrette est très aigre.

- ***" kaké " : " tellement " :***

- Dik : gras.

Hi kaké dik : c'est tellement gras.

- Éïnfarh : simple.

Hi li kaké éïnfarh : elle est tellement simple.

- Faïn : fin (plan physique).

Ki chlaïa hi kaké faïn : cette tanche est tellement fine.

- Bléïrh : pâle.

Hi lo kaké bléïrh : il est tellement pâle.

- Charf : aigre.

I choutli hi kaké charf : la vinaigrette est tellement aigre.

- ***" so bout " : " trop " :***

- Dik : gras.

Hi so bout dik : c'est trop gras.

- Éïnfarh : simple.

Hi li so bout éïnfarh : elle est trop simple.

- Faïn : fin (plan physique).

Ki chlaïa hi so bout faïn : cette tanche est trop fine.

- Bléïrh : pâle.

Hi lo so bout bléïrh : il est trop pâle.

- Charf : aigre.

I choutli hi so bout charf : la vinaigrette est trop aigre.

5ÈME LEÇON
LES NOMBRES

Les nombres cardinaux

- Ïék : 1.

Hi mán ïék vago : j'ai une voiture.

- Douï : 2.

Hi lès douï bézi : il a deux balais.

- Trín : 3.

Hi la trín prala : elle a trois frères.

- Chtar : 4.

Hi tout chtar korbi : tu as quatre paniers.

- Pántch : 5.

Ham pántch : nous sommes cinq.

- Chop : 6.

Hán chop : vous êtes six.

- Éfta : 7.

O éfta vagéngré : les " gens des 7 roulottes " (relatif à l'histoire des 7 familles de Sínté vivant au début du 20ème siècle en Alsace).

- Orhto : 8.

Trapas lo orhto matché : il a attrapé huit poissons.

- Énïa : 9.

His lé énïa : ils étaient neuf.

- Déch : 10.

Hanès déch : vous étiez dix.

- Déch ïék : 11.

Trapoum déch ïék tchirklé : j'ai attrapé onze oiseaux.

- Bich : 20.

Kamo bich épli : je veux vingt pommes.

- Bich ïék : 21.

Hi mán bich ïék ploïmi : j'ai vingt et une prunes.

- Triánda : 30.

Hi tout triánda bérch : tu as trente ans.

- Douï bich : 40.

Ali Baba oun o douï bich tchorépángré : Ali Baba et les quarante voleurs.

- Pach chél : 50.

Hi la pach chél bérch : elle a cinquante ans.

- Trín bich : 60.

Trín bich, hi douï moli triánda ! : Soixante, c'est deux fois trente !

- Trín bich té déch : 70.

Nachti tsélap trín bich té déch chtarni án o bolépèn : je peux compter soixante-dix étoiles dans le ciel.

- Chtar bich : 80.

Hi lès chtar bich bérch : il a quatre-vingt ans.

- Chtar bich té déch : 90.

Chtar bich té déch, hi sigo chél ! : Quatre-vingt-dix, c'est presque cent !

- Chél : 100.

Hi chél ménchi : il y a cent personnes.

- Chél té pach : 150.

Án chél té pach divèsa : dans cent-cinquante jours.

- Douï chél : 200.

Kréla douï chél moli ! : Ça fait deux-cent fois !

- Pach toïsto : 500.

Pach toïsto hi machkral chél oun toïsto : cinq-cents est entre cent et mille.

- Toïsto : 1000.

Toïsto, hi douï moli pach toïsto ! : Mille, c'est deux fois cinq-cents !

- Toïsto té pach : 1500.

Hi lès toïsto té pach kriksli pach lésté : il a mille-cinq-cents criquets chez lui.

- Douï toïsti : 2000.

Kréla douï toïsti bérch : ça fait deux-mille ans.

Ces nombres ont un ***datif*** pour indiquer l'***heure*** :

- Ïékaké : 1 heure.

Hi ïékaké : il est une heure.

- Douïéngé : 2 heures.

Hi sigo douïéngé : il est presque deux heures.

- Trínéngé : 3 heures.

Hi trínéngé : il est trois heures.

- Chtaréngé : 4 heures.

Hi sigo chtaréngé : il est presque quatre heures.

- Pántchéngé : 5 heures.

Hi pántchéngé : il est cinq heures.

- Chovéngé : 6 heures.

Hi sigo chovéngé : il est presque six heures.

- Éfténgé : 7 heures.

Hi choun éfténgé : il est déjà sept heures.

- Orhténgé : 8 heures.

Hi sigo orhténgé : il est presque huit heures.

- Énïéngé : 9 heures.

Hi choun énïéngé : il est déjà neuf heures.

- Déchéngé : 10 heures.

Hi déchéngé : il est dix heures.

- Déch ïékaké : 11 heures.

Hi sigo déch ïékaké : il est presque onze heures.

- Mitago : midi.

Hi choun mitago ! : Il est déjà midi !

- Pach rat : minuit.

Djo té pachap mán, hi choun pach rat ! : Je vais me coucher, il est déjà minuit !

Les nombres ordinaux

- Érchto : 1er.

Houmès o érchto : j'étais le premier.

- Douïto : 2ème.

Kamo gar té vap o douïto : je ne veux pas être le deuxième.

- Trínto : 3ème.

Hi o trínto molo ko divès : c'est la troisième fois aujourd'hui.

- Chtarto : 4ème.

Houm ap i chtarti : je suis sur la quatrième.

- Pántchto : 5ème.

Kré i pántchti ! : Fais la cinquième !

Les fractions

- Pach : moitié.

O pach : la moitié.

- Firtalo : quart.

Kamo o firtalo : je veux le quart.

6ÈME LEÇON
LES PRONOMS

La première personne du singulier

- ***" mé " : " moi " :***

- Hi mé : c'est moi.

- Koun hi kán ? Hi mé : qui-est-ce ? C'est moi.

- His gar mé : ce n'était pas moi.

- Na ! His gar mé : Non ! Ce n'était pas moi !

- His mé, lángs o khér : c'était moi, à côté de la maison.

- ***" miro " : lorsque l'adjectif qualifie un nom masculin : " mon " :***

- Hi miro vago : c'est ma voiture.

- Hi miro chtif pral : c'est mon demi-frère.

- Hi miro : c'est le mien.

- His gar miro : ce n'était pas le mien.

- Hi miro djoukèl : c'est mon chien.

- ***" miri " : lorsque l'adjectif qualifie un nom féminin : ma :***

- Hi miri tchaï : c'est ma fille.

- Hi miri chwaïa : c'est ma belle-sœur.

- Hi miri : c'est la mienne.

- His gar miri : ce n'était pas la mienne.

- Hi miri djoukli : c'est ma chienne.

- ***" miré " : lorsque l'adjectif qualifie un pluriel : mes :***

- Hi miré vagi : ce sont mes voitures.

- Hi miré pouchki : ce sont mes fusils.

- Hi miré : ce sont les miens / ce sont les miennes.

- His gar miré : ce n'était pas les miens / ce n'était pas les miennes.

- Hi miré rochti : ce sont mes grilles.

- ***" mour " : est une abréviation pour mon / ma / mes :***

- Hi mour pral : c'est mon frère.

- Hi mour tchaï : c'est ma fille.

- Hi mour pouchki : ce sont mes fusils.

- Hi mour chwaïsari : c'est mon soudeur.

- Hi mour zoumi : c'est ma soupe.

- ***" mán " : " à moi " :***

- Hi mán i hérha : j'ai un geai.

- Hi mán i chwéro : j'ai un furoncle.

- Hi mán i éngchto : j'ai un étalon.

- Hi mán o vago : j'ai la voiture.

- Hi mán o chlisli : j'ai les clefs.

- ***" mángé " : " pour moi " :***

- Mángé, hi gar braït : pour moi, ce n'est pas large.

- Hi gar mángé : ce n'est pas pour moi.

- Djo mángé : je m'en vais.

- Mángé, hi li dinéli : pour moi, elle est folle.

- Mángé, djala : pour moi, ça va.

- ***" mándé " : " chez moi " :***

- Hi lo pach mándé : il est chez moi.

- Ap pach mándé ! : Viens chez moi !

- Houm gar pach mándé : je ne suis pas chez moi.

- Hounti vés pach mándé : tu dois venir chez moi.

- Houmès pach mándé kaï tsarla : j'étais chez moi ce matin.

- ***" mándar " : " de moi " :***

- Rakèl lo mándar : il parle de moi.

- Rakèl li mándar : elle parle de moi.

- Hi mándar : c'est de moi.

- Ma raké mándar ! : Ne parle pas de moi !

- His gar mándar : ce n'était pas de moi.

- ***" mántsar " : " avec moi " :***

- Hi li mántsar : elle est avec moi.

- Hal mántsar : tu es avec moi.

- Ap mántsar ! : Viens avec moi !

- His lo gar mántsar : il n'était pas avec moi.

- Avèn mántsar ! : Venez avec moi !

La deuxième personne du singulier

- ***" tou " : " toi " :***

- Hi tou : c'est toi.

- Koun hi kán ? Hi tou : qui-est-ce ? C'est toi.

- His gar tou : ce n'était pas toi.

- Na ! His gar tou : Non ! Ce n'était pas toi !

- His tou, lángs o khér : c'était toi, à côté de la maison.

- ***" tiro " : lorsque l'adjectif qualifie un nom masculin : " ton " :***

- Hi tiro vago : c'est ta voiture.

- Hi tiro chtif pral : c'est ton demi-frère.

- Hi tiro : c'est le tiens.

- His gar tiro : ce n'était pas le tien.

- Hi tiro djoukèl : c'est ton chien.

- ***" tiri " : lorsque l'adjectif qualifie un nom féminin : ta :***

- Hi tiri tchaï : c'est ta fille.

- Hi tiri chwaïa : c'est ta belle-sœur.

- Hi tiri : c'est la tienne.

- His gar tiri : ce n'était pas la tienne.

- Hi tiri djoukli : c'est ta chienne.

- ***" tiré " : lorsque l'adjectif qualifie un pluriel : " tes " :***

- Hi tiré vagi : ce sont tes voitures.

- Hi tiré pouchki : ce sont tes fusils.

- Hi tiré : ce sont les tiens / ce sont les tiennes.

- His gar tiré : ce n'était pas les tiens / ce n'était pas les tiennes.

- Hi tiré rochti : ce sont tes grilles.

- ***" tour " : est une abréviation pour : ton / ta / tes :***

- Hi tour pral : c'est ton frère.

- Hi tour tchaï : c'est ta fille.

- Hi tour pouchki : ce sont tes fusils.

- Hi tour chwaïsari : c'est ton soudeur.

- Hi tour zoumi : c'est ta soupe.

- ***" tout " : " à toi " :***

- Hi tout i hérha : tu as un geai.

- Hi tout i chwéro : tu as un furoncle.

- Hi tout i éngchto : tu as un étalon.

- Hi tout o vago : tu as la voiture.

- Hi tout o chlisli : tu as les clefs.

- ***" touké " : " pour toi " :***

- Touké, hi gar braït : pour toi, ce n'est pas large.

- Hi gar touké : ce n'est pas pour toi.

- Dja touké ! : Vas-t-en !

- Touké, hi li dinéli : pour toi, elle est folle.

- Touké, djala : pour toi, ça va.

- ***" touté " : " chez toi " :***

- Hi lo pach touté : il est chez toi.

- Ap pach touté ! : Viens chez toi !

- Houm gar pach touté : je ne suis pas chez toi.

- Hounti vap pach touté : je dois venir chez toi.

- Houmès pach touté kaï tsarla : j'étais chez toi ce matin.

- ***" toutar " : " de toi " :***

- Rakèl lo toutar : il parle de toi.

- Rakèl li toutar : elle parle de toi.

- Hi toutar : c'est de toi.

- Ma raké toutar ! : Ne parle pas de toi !

- His gar toutar : ce n'était pas de toi.

- ***" touva " : " avec toi " :***

- Hi li touva : elle est avec toi.

- Houm touva : je suis avec toi.

- Djo touva ! : Je vais avec toi !

- His lo gar touva : il n'était pas avec toi.

- Dja touva : nous allons avec toi.

La troisième personne du singulier (masculin)

- ***" ïop " : " lui " :***

- Hi ïop : c'est lui.

- Koun hi kán ? Hi ïop : qui-est-ce ? C'est lui.

- His gar ïop : ce n'était pas lui.

- Na ! His gar ïop : Non ! Ce n'était pas lui !

- His ïop, lángs o khér : c'était lui, à côté de la maison.

- ***" léskro " : lorsque l'adjectif qualifie un nom masculin : " son " :***

- Hi léskro vago : c'est sa voiture.

- Hi léskro chtif pral : c'est son demi-frère.

- Hi léskro : c'est le sien.

- His gar léskro : ce n'était pas le sien.

- Hi léskro djoukèl : c'est son chien.

- ***" léskri " : lorsque l'adjectif qualifie un nom féminin : " sa " :***

- Hi léskri tchaï : c'est sa fille.

- Hi léskri chwaïa : c'est sa belle-sœur.

- Hi léskri : c'est la sienne.

- His gar léskri : ce n'était pas la sienne.

- Hi léskri djoukli : c'est sa chienne.

- ***" léskré " : lorsque l'adjectif qualifie un pluriel : ses :***

- Hi léskré vagi : ce sont ses voitures.

- Hi léskré pouchki : ce sont ses fusils.

- Hi léskré : ce sont les siens / ce sont les siennes.

- His gar léskré : ce n'était pas les siens / ce n'était pas les siennes.

- Hi léskré rochti : ce sont ses grilles.

- ***" lès " : " à lui " :***

- Hi lès i hérha : il a un geai.

- Hi lès i chwéro : il a un furoncle.

- Hi lès i éngchto : il a un étalon.

- Hi lès o vago : il a la voiture.

- Hi lès o chlisli : il a les clefs.

- ***" léské " : " pour lui " :***

- Léské, hi gar braït : pour lui, ce n'est pas large.

- Hi gar léské : ce n'est pas pour lui.

- His léské : c'était pour lui.

- Léské, hi li dinéli : pour lui, elle est folle.

- Léské, djala : pour lui, ça va.

- ***" lésté " : " chez lui " :***

- Hi lo pach lésté : il est chez lui.

- Ap pach lésté ! : Viens chez lui !

- Houm gar pach lésté : je ne suis pas chez lui.

- Hounti vés pach lésté : tu dois venir chez lui.

- Houmès pach lésté kaï tsarla : j'étais chez lui ce matin.

- ***" léstar " : " de lui " :***

- Rakèl lo léstar : il parle de lui.

- Rakèl li léstar : elle parle de lui.

- Hi léstar : c'est de lui.

- Ma raké léstar ! : Ne parle pas de lui !

- His gar léstar : ce n'était pas de lui.

- ***" léré " : " avec lui " :***

- Hi li léré : elle est avec lui.

- Hal léré : tu es avec lui.

- Ap léré ! : Viens avec lui !

- His lo gar léré : il n'était pas avec lui.

- Avèn léré ! : Venez avec lui !

La troisième personne du singulier (féminin)

- ***" ïoï " : " elle " :***

- Hi ïoï : c'est elle.

- Koun hi kán ? Hi ïoï : qui-est-ce ? C'est elle.

- His gar ïoï : ce n'était pas elle.

- Na ! His gar ïoï : Non ! Ce n'était pas elle !

- His ïoï, lángs o khér : c'était elle, à côté de la maison.

- ***" lakro " : lorsque l'adjectif qualifie un nom masculin : " son " :***

- Hi lakro vago : c'est sa voiture.

- Hi lakro chtif pral : c'est son demi-frère.

- Hi lakro : c'est le sien.

- His gar lakro : ce n'était pas le sien.

- Hi lakro djoukèl : c'est son chien.

" ***lakri*** " : lorsque l'adjectif qualifie un nom ***féminin*** : " ***sa*** " :

- Hi lakri tchaï : c'est sa fille.

- Hi lakri chwaïa : c'est sa belle-sœur.

- Hi lakri : c'est la sienne.

- His gar lakri : ce n'était pas la sienne.

- Hi lakri djoukli : c'est sa chienne.

- ***" lakré " : lorsque l'adjectif qualifie un pluriel : ses :***

- Hi lakré vagi : ce sont ses voitures.

- Hi lakré pouchki : ce sont ses fusils.

- Hi lakré : ce sont les siens / ce sont les siennes.

- His gar lakré : ce n'était pas les siens / ce n'était pas les siennes.

- Hi lakré rochti : ce sont ses grilles.

- ***" la " : " à elle " :***

- Hi la i hérha : elle a un geai.

- Hi la i chwéro : elle a un furoncle.

- Hi la i éngchto : elle a un étalon.

- Hi la o vago : elle a la voiture.

- Hi la o chlisli : elle a les clefs.

- ***" laké " : " pour elle " :***

- Laké, hi gar braït : pour elle, ce n'est pas large.

- Hi gar laké : ce n'est pas pour elle.

- His laké : c'était pour elle.

- Laké, hi lo dinélo : pour elle, il est fou.

- Laké, djala : pour elle, ça va.

- ***" laté " : " chez elle " :***

- Hi lo pach laté : il est chez elle.

- Ap pach laté ! : Viens chez elle !

- Houm gar pach laté : je ne suis pas chez elle.

- Hounti vés pach laté : tu dois venir chez elle.

- Houmès pach laté kaï tsarla : j'étais chez elle ce matin.

- ***" latar " : " d'elle " :***

- Rakèl lo latar : il parle d'elle.

- Rakèl li latar : elle parle d'elle.

- Hi latar : c'est d'ellc.

- Ma raké latar ! : Ne parle pas d'elle !

- His gar latar : ce n'était pas d'elle.

- ***" lara " : " avec elle " :***

- Hi li lara : elle est avec elle.

- Hal lara : tu es avec elle.

- Ap lara ! : Viens avec elle !

- His lo gar lara : il n'était pas avec elle.

- Avèn lara ! : Venez avec elle !

La première personne du pluriel

- ***" mèr " : " nous " :***

- Hi mèr : c'est nous.

- Koun hi kán ? Hi mèr : qui-est-ce ? C'est nous.

- His gar mèr : ce n'était pas nous.

- Na ! His gar mèr : Non ! Ce n'était pas nous !

- His mèr, lángs o khér : c'était nous, à côté de la maison.

- ***" maro " : lorsque l'adjectif qualifie un nom masculin : " notre " :***

- Hi maro vago : c'est notre voiture.

- Hi maro chtif pral : c'est notre demi-frère.

- Hi maro : c'est le nôtre.

- His gar maro : ce n'était pas le nôtre.

- Hi maro djoukèl : c'est notre chien.

- ***" mari " : lorsque l'adjectif qualifie un nom féminin : " notre " :***

- Hi mari tchaï : c'est notre fille.

- Hi mari chwaïa : c'est notre belle-sœur.

- Hi mari : c'est la nôtre.

- His gar mari : ce n'était pas la nôtre.

- Hi mari djoukli : c'est notre chienne.

- ***" maré " : lorsque l'adjectif qualifie un pluriel : nos :***

- Hi maré vagi : ce sont nos voitures.

- Hi maré pouchki : ce sont nos fusils.

- Hi maré : ce sont les nôtres.

- His gar maré : ce n'était pas les nôtres.

- Hi maré rochti : ce sont nos grilles.

- ***" mèn " : " à nous " :***

- Hi mèn i hérha : nous avons un geai.

- Hi mèn i chwéro : nous avons un furoncle.

- Hi mèn i éngchto : nous avons un étalon.

- Hi mèn o vago : nous avons la voiture.

- Hi mèn o chlisli : nous avons les clefs.

- ***" mèngé " : " pour nous " :***

- Mèngé, hi gar braït : pour nous, ce n'est pas large.

- Hi gar mèngé : ce n'est pas pour nous.

- Dja mèngé : nous nous en allons.

- Mèngé, hi li dinéli : pour nous, elle est folle.

- Mèngé, djala : pour nous, ça va.

- ***" mèndé " : " chez nous " :***

- Hi lo pach mèndé : il est chez nous.

- Ap pach mèndé ! : Viens chez nous !

- Houm gar pach mèndé : je ne suis pas chez nous.

- Hounti vés pach mèndé : tu dois venir chez nous.

- Houmès pach mèndé kaï tsarla : j'étais chez nous ce matin.

- ***" mèndar " : " de nous " :***

- Rakèl lo mèndar : il parle de nous.

- Rakèl li mèndar : elle parle de nous.

- Hi mèndar : c'est de nous.

- Ma raké mèndar ! : Ne parle pas de nous !

- His gar mèndar : ce n'était pas de nous.

- ***" mèntsar " : " avec nous " :***

- Hi li mèntsar : elle est avec nous.

- Hal mèntsar : tu es avec nous.

- Ap mèntsar ! : Viens avec nous !

- His lo gar mèntsar : il n'était pas avec nous.

- Avèn mèntsar ! : Venez avec nous !

La deuxième personne du pluriel

- ***" toumèr " : " vous " :***

- Hi toumèr : c'est vous.

- Koun hi kán ? Hi toumèr : qui-est-ce ? C'est vous.

- His gar toumèr : ce n'était pas vous.

- Na ! His gar toumèr : Non ! Ce n'était pas vous !

- His toumèr, lángs o khér : c'était vous, à côté de la maison.

- ***" toumaro " : lorsque l'adjectif qualifie un nom masculin : " votre " :***

- Hi toumaro vago : c'est votre voiture.

- Hi toumaro chtif pral : c'est votre demi-frère.

- Hi toumaro : c'est le vôtre.

- His gar toumaro : ce n'était pas le vôtre.

- Hi toumaro djoukèl : c'est votre chien.

- ***" toumari " : lorsque l'adjectif qualifie un nom féminin : " votre " :***

- Hi toumari tchaï : c'est votre fille.

- Hi toumari chwaïa : c'est votre belle-sœur.

- Hi toumari : c'est la vôtre.

- His gar toumari : ce n'était pas la vôtre.

- Hi toumari djoukli : c'est votre chienne.

- ***" toumaré " : lorsque l'adjectif qualifie un pluriel : vos :***

- Hi toumaré vagi : ce sont vos voitures.

- Hi toumaré pouchki : ce sont vos fusils.

- Hi toumaré : ce sont les vôtres.

- His gar toumaré : ce n'était pas les vôtres.

- Hi toumaré rochti : ce sont vos grilles.

- ***" toumèn " : " à vous " :***

- Hi toumèn i hérha : vous avez un geai.
- Hi toumèn i chwéro : vous avez un furoncle.
- Hi toumèn i éngchto : vous avez un étalon.
- Hi toumèn o vago : vous avez la voiture.
- Hi toumèn o chlisli : vous avez les clefs.

- ***" toumèngé " : " pour vous " :***

- Toumèngé, hi gar braït : pour vous, ce n'est pas large.
- Hi gar toumèngé : ce n'est pas pour vous.
- Dján toumèngé : vous vous en allez.
- Toumèngé, hi li dinéli : pour vous, elle est folle.
- Toumèngé, djala : pour vous, ça va.

- ***" toumèndé " : " chez vous " :***

- Hi lo pach toumèndé : il est chez vous.
- Avèn pach toumèndé ! : Venez chez vous !
- Houm gar pach toumèndé : je ne suis pas chez vous.
- Hounti vap pach toumèndé : je dois venir chez vous.
- Houmès pach toumèndé kaï tsarla : j'étais chez vous ce matin.

- ***" toumèndar " : " de vous " :***

- Rakèl lo toumèndar : il parle de vous.
- Rakèl li toumèndar : elle parle de vous.
- Hi toumèndar : c'est de vous.
- Ma rakèn toumèndar ! : Ne parlez pas de vous !
- His gar toumèndar : ce n'était pas de nous.

- ***" toumèntsar " : " avec vous " :***

- Hi li toumèntsar : elle est avec vous.

- Houm toumèntsar : je suis avec vous.

- Vo toumèntsar ! : Je viens avec vous !

- His lo gar toumèntsar : il n'était pas avec vous.

- Vèl lo toumèntsar : il vient avec vous.

La troisième personne du pluriel

- ***" ïón " : " eux " / " elles " :***

- Hi ïón : ce sont eux / ce sont elles.

- Koun hi kán ? Hi ïón : qui-est-ce ? Ce sont eux / qui-est-ce ? Ce sont elles.

- His gar ïón : ce n'était pas eux / ce n'était pas elles.

- Na ! His gar ïón : Non ! Ce n'était pas lui ! / Non ! Ce n'était pas elles !

- His ïón, lángs o khér : c'était eux, à côté de la maison / c'était elles, à côté de la maison.

- ***" lèngro " : lorsque l'adjectif qualifie un nom masculin : " leur " :***

- Hi lèngro vago : c'est leur voiture.

- Hi lèngro chtif pral : c'est leur demi-frère.

- Hi lèngro : c'est le leur.

- His gar lèngro : ce n'était pas le leur.

- Hi lèngro djoukèl : c'est leur chien.

- ***" lèngri " : lorsque l'adjectif qualifie un nom féminin : " leur " :***

- Hi lèngri tchaï : c'est leur fille.

- Hi lèngri chwaïa : c'est leur belle-sœur.

- Hi lèngri : c'est la leur.

- His gar lèngri : ce n'était pas la leur.

- Hi lèngri djoukli : c'est leur chienne.

- ***" lèngré " : lorsque l'adjectif qualifie un pluriel : leurs :***

- Hi lèngré vagi : ce sont leurs voitures.

- Hi lèngré pouchki : ce sont leurs fusils.

- Hi lèngré : ce sont les leurs.

- His gar lèngré : ce n'était pas les leurs.

- Hi lèngré rochti : ce sont leurs grilles.

- ***" lèn " : " à eux " / " à elles " :***

- Hi lèn i hérha : ils ont un geai / elles ont un geai.

- Hi lèn i chwéro : ils ont un furoncle / elles ont un furoncle.

- Hi lèn i éngchto : ils ont un étalon / elles ont un étalon.

- Hi lèn o vago : ils ont la voiture / elles ont la voiture.

- Hi lèn o chlisli : ils ont les clefs / elles ont les clefs.

- ***" lèngé " : " pour eux " / " pour elles " :***

- Lèngé, hi gar braït : pour eux, ce n'est pas large / pour elles, ce n'est pas large.

- Hi gar lèngé : ce n'est pas pour eux / ce n'est pas pour elles.

- His lèngé : c'était pour eux / c'était pour elles.

- Lèngé, hi lo dinélo : pour eux, elle est folle / pour elles, il est fou.

- Lèngé, djala : pour eux, ça va / pour elles, ça va.

- ***" lèndé " : " chez eux " / " chez elles " :***

- Hi lo pach lèndé : il est chez eux / il est chez elles.

- Ap pach lèndé ! : Viens chez eux ! / Viens chez elles !

- Houm gar pach lèndé : je ne suis pas chez eux / je ne suis pas chez elles.

- Hounti vés pach lèndé : tu dois venir chez eux / tu dois venir chez elles.

- Houmès pach lèndé kaï tsarla : j'étais chez eux ce matin / j'étais chez elles ce matin.

- ***" lèndar " : " d'eux " / " d'elles " :***

- Rakèl lo lèndar : il parle d'eux / il parle d'elles.

- Rakèl li lèndar : elle parle d'eux / elle parle d'elles.

- Hi lèndar : c'est d'eux / c'est d'elles.

- Ma raké lèndar ! : Ne parle pas d'eux ! / Ne parle pas d'elles !

- His gar lèndar : ce n'était pas d'eux / ce n'était pas d'elles

- ***" lèntsar " : " avec eux " / " avec elles " :***

- Hi li lèntsar : elle est avec eux / elle est avec elles.

- Hal lèntsar : tu es avec eux / tu es avec elles.

- Ap lèntsar ! : Viens avec eux ! / Viens avec elles !

- His lo gar lèntsar : il n'était pas avec eux / il n'était pas avec elles.

- Avèn lèntsar ! : Venez avec eux ! / Venez avec elles !

La forme réfléchie de la 3ème personne du singulier (***péskro*** / ***péskri*** / ***péskré***) et du pluriel (***péngro*** / ***péngri*** / ***péngré***) ne s'emploie plus aujourd'hui. Elle a été remplacée par la forme non réfléchie ***léskro*** / ***léskri*** / ***léskré*** (3ème personne du singulier) et ***lèngro*** / ***lèngri*** / ***lèngré*** (3ème personne du pluriel).

7ÈME LEÇON
LA CONJUGAISON (I)

Le présent a deux formes

" *la brève* ", lorsque le verbe est *suivi d'un complément* :

- Djano *lès* : je le sais.
- Djané *gar* : tu ne sais pas.
- Djanèl *lès* lo : il le sait.
- Djanèl *lès* li : elle le sait.
- Djana *michto* : nous savons bien.
- Djanèn *norh* : vous savez encore.
- Djanèl *lès* lé : ils/elles le savent.

- Kamo *lès* : je le veux.
- Kamé *gar* : tu ne veux pas.
- Kamèl *lès* lo : il le veut.
- Kamèl *lès* li : elle le veut.
- Kama *michto* : nous voulons bien.
- Kamèn *norh* : vous voulez encore.
- Kamèl *lès* lé : ils/elles le veulent.

" *la longue* ", à la première et deuxième personne du singulier/pluriel, lorsque le verbe n'a *pas de complément* :

- Djanova : je sais.
- Djanéré : tu sais.
- Djanara : nous savons.
- Djanéna : vous savez.

- Kamova : je veux.
- Kaméré : tu veux.
- Kamara : nous voulons.
- Kaména : vous voulez.

Les verbes " ***aller*** ", " ***manger*** " et " ***rire*** " prennent au singulier un " ***a*** " au lieu d'un " ***é*** " :

- Djo : je vais.
- Dj*a* : tu vas.
- Dj*a*l lo : il va.
- Dj*a*l li : elle va.
- Dja : nous allons.
- Dj*á*n : vous allez.
- Dj*a*l lé : ils/elles vont.

- Rho : je mange.
- Rh*a* : tu manges.
- Rh*a*l lo : il mange.
- Rh*a*l li : elle mange.
- Rha : nous mangeons.

- Rh*á*n : vous mangez.
- Rh*a*l lé : ils/elles mangent.

- So : je rie.
- S*a* : tu ries.
- S*a*l lo : il rit.
- S*a*l li : elle rit.
- Sa : nous rions.
- S*á*n : vous riez.
- S*a*l lé : ils/elles rient.

L'imparfait

- Djanos : je savais.
- Djanès : tu savais.
- Djanèls lo : il savait.
- Djanèls li : elle savait.
- Djanas : nous savions.
- Djanèns : vous saviez.
- Djanèls lé : ils/elles savaient.

- Kamos : je voulais.
- Kamès : tu voulais.
- Kamèls lo : il voulait.
- Kamèls li : elle voulait.
- Kamas : nous voulions.
- Kamèns : vous vouliez.
- Kamèls lé : ils/elles voulaient.

Le subjonctif

- Té djanap : que je sache.
- Té djanés : que tu saches.
- Té djanèl lo : qu'il sache.
- Té djanèl li : qu'elle sache.
- Té djanas : que nous sachions.
- Té djanèn : que vous sachiez.
- Té djanèl lé : qu'ils/elles sachent.

- Té kamap : que je veuille.
- Té kamés : que tu veuilles.
- Té kamèl lo : qu'il veuille.
- Té kamèl li : qu'elle veuille.
- Té kamas : que nous voulions.
- Té kamèn : que vous vouliez.
- Té kamèl lé : qu'ils/elles veuillent.

Le passé composé

- Djanoum : j'ai su.
- Djanal : tu as su.
- Djanas lo : il a su.
- Djanas li : elle a su.
- Djanam : nous avons su.
- Djanán : vous avez su.
- Djanán lé : ils/elles ont su.

- Kamoum : j'ai voulu.
- Kamal : tu as voulu.
- Kamas lo : il a voulu.
- Kamas li : elle a voulu.
- Kamam : nous avons voulu.
- Kamán : vous avez voulu.
- Kamán lé : ils/elles ont voulu.

Le futur

Il est conjugué de la même façon que le présent et sera toujours précédé ou suivi d'un ***complément circonstanciel de temps*** :

- Djano *taïsa* : je saurai demain.
- Djané *ki rat* : tu sauras ce soir.
- Djanèl lo *án i ránda* : il saura dans un instant.
- Djanèl li *án i ránda* : elle saura dans un instant.
- Djana *taïsa* : nous saurons demain.
- Djanèn *ki rat* : vous saurez ce soir.
- Djanèl lé *án i ránda* : ils/elles sauront dans un instant.

- Kamo *taïsa* : je voudrai demain.
- Kamé *ki rat* : tu voudras ce soir.
- Kamèl lo *án i ránda* : il voudra dans un instant.
- Kamèl li *án i ránda* : elle voudra dans un instant.
- Kama *taïsa* : nous voudrons demain.
- Kamèn *ki rat* : vous voudrez ce soir.
- Kamèl lé *án i ránda* : ils/elles voudront dans un instant.

L’impératif

Rha ! : Mange !

Rhan ! : Mangez !

7ÈME LEÇON
LA CONJUGAISON (II)

Les verbes ÊTRE et AVOIR

Le verbe <u>ÊTRE</u> :

- ***<u>Le présent :</u>***

- Houm : je suis.

- Hal : tu es.

- Hi lo : il est.

- Hi li : elle est.

- Ham : nous sommes.

- Hán : vous êtes.

- Hi lé : ils/elles sont.

- ***<u>L'imparfait :</u>***

- Houmès : j'étais.

- Halès : tu étais.

- His lo : il était.

- His li : elle était.

- Hamès : nous étions.

- Hanès : vous étiez.

- His lé : ils/elles étaient.

Pour les autres temps, on utilise le verbe " ***vo*** " : je viens, je deviens :

- ***Le subjonctif :***

- Té vap : que je sois.
- Té vés : que tu sois.
- Té vèl lo : qu'il soit.
- Té vèl li : qu'elle soit.
- Té vas : que nous soyons.
- Té vèn : que vous soyez.
- Té vèl lé : qu'ils/elles soient.

- ***Le passé composé :***

- Véïoum : j'ai été.
- Véïal : tu as été.
- Véïas lo : il a été.
- Véïas li : elle a été.
- Véïam : nous avons été.
- Véïan : vous avez été.
- Véïas lé : ils ont été.

- ***Le futur :***

- Vo : je serai.
- Vé : tu seras.
- Vèl lo : il sera.
- Vèl li : elle sera.
- Va : nous serons.
- Vèn : vous serez.
- Vèl lé : ils/elles seront.

Le verbe <u>AVOIR</u> :

- ***<u>Le présent :</u>***

- Hi mán : j'ai.

- Hi tout : tu as.

- Hi lès : il a.

- Hi la : elle a.

- Hi mèn : nous avons.

- Hi toumèn : vous avez.

- Hi lèn : ils/elles ont.

- ***<u>L'imparfait :</u>***

- His mán : j'avais.

- His tout : tu avais.

- His lès : il avait.

- His la : elle avait.

- His mèn : nous avions.

- His toumèn : vous avicz.

- His lèn : ils/elles avaient.

- ***<u>Le passé composé :</u>***

- Véïas mán: j'ai eu.

- Véïas tout : tu as eu.

- Véïas lès : il a eu.

- Véïas la : elle a eu.

- Véïas mèn : nous avons eu.

- Véïas toumèn : vous avez eu.

- Véïas lèn : ils ont eu.

8ÈME LEÇON
LES PARTICIPES

Habituellement, pour former un participe passé, l'on ajoute au radical du verbe " ***édo*** " ou " ***émèn*** " selon l'usage : chlaïfo ***j'aiguise*** → chlaïfédo / chlaïfémèn " ***aiguisé*** ".

Mais il y a beaucoup de formes irrégulières :

- ***Si le radical se termine par " v ", ce " v " se transforme en " d " :***

- " Tchi*vo* " : je mets → " tchi*do* " : mis.

- " Dji*vo* " : je vis → " dji*do* " : vivant.

- " Si*vo* " : je couds → " si*do* " : cousu.

- " Kér*vo* " : je fais cuire → " kér*do* " : cuit (attention, c'est aussi le participe passé de " kro " : je fais).

- " Tho*vo* " : je lave → " tho*do* " : lavé.

- " Ri*vo* " : j'habille → " ri*do* " : habillé.

- ***Certains n'ajoutent rien au radical :***

- " Pé*ko* " : je fais cuire → " pé*ko* " : cuit.

- " Pa*go* " : je casse → " pa*go* " : cassé.

- " Pán*do* " : j'attache → " pán*do* " : attaché.

- " Sik*lo* " : j'apprends / j'étudie → " sik*lo* " : habitué / dressé.

- ***Certains prennent la terminaison " lo " :***

- " Dik*o* " : je vois → " dik*lo* " : vu.

- " Mouk*o* " : je laisse → " mouk*lo* " : laissé.

- " Rh*o* " : je mange → " rh*alo* " : mangé.

- ***Certains prennent la terminaison " to " :***

- " Béch*o* " : j'assois → " béch*to* " : assis.

- " Pach*o* " : je couche → " pach*to* " : couché.

- " Sov*o* " : je dors → " sou*to* " : endormi.

- ***Certains prennent la terminaison " éno " :***

- " Trad*o* " : je renvoie → " trad*éno* " : renvoyé.

- " Dar*o* " : j'ai peur → " dar*éno* " : qui fait peur.

- " Patch*o* " : je crois → " patch*éno* " : digne de confiance.

- " Trach*o* " : j'ai peur → " trach*éno* " : peureux.

- " Trad*o* " : je renvoie → " trad*éno* " : renvoyé.

- " Tsard*o* " : je tire → " tsard*éno* " : tiré.

- ***Certains prennent la terminaison " ino " :***

- " L*o* " : je prends → " l*ino* " : pris.

- " Nach*o* " : je cours → " nachd*ino* " : évadé.

- " Pras*o* " : j'insulte → " prasd*ino* " : pour un Sínto, fait d'être déconsidéré par les membres du groupe auquel il appartient (retrouvera son honneur en vengeant ses parents et défunts insultés).

- " Rod*o* " : je cherche → " rod*ino* " : recherché.

- " Romdir*o* " : je marie → " romd*ino* " : marié.

9ÈME LEÇON
LES PARTICULES VERBALES

Très fréquentes dans la langue des Sínté, les particules verbales calquent souvent celles que l'on trouve en allemand. Dans la langue des Sínté, contrairement à l'allemand, elles sont toujours séparables et se placent après le verbe et son complément. Les particules verbales changent parfois le sens du verbe. Elles peuvent parfois être employées seules :

Án :

particule verbale correspondant à " ***an*** " en allemand. Marque le contact, le commencement, l'action d'allumer ; seul, " ***án*** " signifie " ***allumé*** " :

- Diko : je vois.

Diko án : je considère.

- Djo : je vais.

Djo án : je démarre.

- Do : je donne.

Do án : je séduis.

- Haltro : j'arrête.

Haltro án : je retiens.

- Kro : je fais.

Kro án : j'allume. Hi án : c'est allumé.

Ap :

particule verbale correspondant à " ***auf*** " en allemand. Marque l'attention, la volonté ; seul, " ***ap*** " signifie " ***sur*** / ***vers*** " :

- Chtoko : je suis étonné.

Chtoko ap : je regarde avec étonnement.

- Chtoso : je pousse.

Chtoso ap : je cogne contre.

- Diko : je vois.

Diko ap : je regarde.

- Rako : je parle.

Rako ap : je critique.

- Tchivo : je mets.

Tchivo ap o vélto : j'enfante. Hi ap i ticha : c'est sur la table.

Drèn :

particule verbale correspondant à " ***ein*** " ou ***er*** en allemand. Marque l'action d'entrer ; seul, " ***drèn*** " signifie " ***dedans*** " :

- Sovo : je dors.

Sovo drèn : je m'endors.

- Tcharo : bol.

Tcharo drèn : je verse.

- Zoumpa : marécage.

Zoumpo drèn : je m'enlise.

- Chmiro : je tartine.

Chmiro drèn : je salis avec quelque chose de gras.

- Triko : j'appuie fort.

Triko drèn : j'enfonce avec un marteau.

Hèr :

particule verbale correspondant à " ***her*** " en allemand. Marque la distance.

- Vo : je viens.

Vo hèr : je suis originaire de.

- Do : je donne.

Do hèr : je me dessaisis.

Palé :

particule verbale. Marque le retour, l'action de revenir, un changement d'attitude ; seul, " ***palé*** " signifie " ***en arrière*** " :

- Do : je donne.

Do palé : je rends.

- Riso mán : je me tourne.

Riso mán palé : je me retourne.

- Vitso : je jette.

Vitso palé : je rejette.

- Vo : je viens.

Vo palé : je reviens. Hi palé : c'est en arrière.

Pré :

particule verbale correspondant à " ***auf*** " en allemand. Marque l'action de monter, l'action d'ouvrir ; seul, " ***pré*** " signifie " ***ouvert*** / ***debout*** " :

- Tchino : je coupe.

Tchino pré : j'ouvre en coupant.

- Tcho : je me tiens.

Tcho pré : je me lève.

- Tsardo : je tire.

Tsardo pré : j'éduque.

- Djo : je vais.

Djo pré : je monte.

- Kro : je fais.

Kro pré : j'ouvre. Hi pré : c'est ouvert.

Télé :

particule verbale correspondant à " ***ab*** " en allemand. Marque la séparation, l'action de descendre ; seul, " ***télé*** " signifie " ***en bas*** " :

- Vo : je viens.

Vo télé : je descends.

- Zégo : je scie.

Zégo télé : j'abats.

- Kérvo : je fais cuire.

Kérvo télé : je fais bouillir.

- Kniko mán : je m'agenouille.

Kniko mán télé : je m'humilie.

- Kro : je fais.

Kro télé : je baisse. Hi télé : c'est en bas.

Tsou :

particule verbale correspondant à " ***zu*** " en allemand. Marque la fermeture, la croissance ; seul, ***tsou*** signifie " ***fermé*** " :

- Lo : je prends.

Lo tsou : je profite (santé).

- Naglo : je cloue.

Naglo tsou : je ferme en clouant.

- Pándo : j'attache.

Pándo tsou : j'attache en fermant.

- Do : je donne.

Do tsou : j'accorde (mariage).

- Kro : je fais.

Kro tsou : je ferme. Hi tsou : c'est fermé.

Vèk :

particule verbale correspondant à " ***weg*** " en allemand. Marque le départ, la séparation ; seul, ***vèk*** signifie " ***parti*** " :

- Djo : je vais.

Djo vèk : je pars.

- Do : je donne.

Do vèk : je dégorge.

- Triko : je sers.

Triko vèk : je débranche.

- Rho : je mange.

Rho vèk : je mange entièrement.

- Lo : je prends.

Lo vèk : j'enlève. Hi vèk : c'est parti.

Vri :

particule verbale correspondant à " ***aus*** " en allemand. Marque le passé, l'action d'éteindre ; seul, ***vri*** signifie " ***dehors*** " :

- Ángro : je peigne.

Ángro vri : je démêle.

- Ano : j'amène.

Ano vri : je fais sortir.

- Chpano : j'attelle.

Chpano vri : je dételle.

- Chraïbo : j'écris.

Chraïbo vri : je raye.

- Kro : je fais.

Kro vri : j'éteins. Hi vri : c'est dehors.

10ÈME LEÇON
LES ADVERBES

Il existe de nombreux adverbes dans la langue des Sínté. En voici quelques-uns :

L'adverbe de *manière* :

- Michto : bien.

Kral michto : tu as bien fait.

- Chlèrht : mal.

Kroum chlèrht : j'ai mal fait.

- Kaké : ainsi.

Hi kaké : c'est ainsi.

- Sik : vite.

Kré sik ! : Fais vite !

- Lokès : doucement.

Fara lokès : nous conduisons doucement.

- Fécht : fort.

Hi fécht : c'est fort.

- Kéténé : ensemble.

Ham kéténé : nous sommes ensemble.

L'adverbe de *lieu* :

- Katé : ici.

His katé : c'était ici.

- Kaï : là.

Hi li gar kaï : elle n'est pas là.

- Katar : par ici.

Kamo té haltrap mán katar : je veux m'arrêter par ici.

- Koï : là-bas.

Dikas lo i graï koï : il a vu un cheval là-bas.

- Dour : loin.

Hán gar so dour : vous n'êtes pas trop loin.

- Lángs : à côté de.

Vono lángs touté : j'habite à côté de chez toi.

- Troumal : autour.

Djivèl lé troumal mèndé : ils vivent autour de nous.

- Pré : dessus.

Tchivo lès pré : je le mets dessus.

- Pral : en haut.

Hi chtoïba pral : il y a de la poussière en haut.

- Télé : en bas.

Hi lé télé : ils sont en bas.

- Glán : devant.

Haltras pès lo glán : il s'est arrêté devant.

- Pal án : derrière.

O tchavé chpilèl pal án : les enfants jouent derrière.

- Doural : de loin.

Diké lès doural : tu le vois de loin.

- Vérgal : de l'autre côté.

Vèl lé dourch vérgal : ils traversent de l'autre côté.

- Vri : dehors.

I katsa djivèl vri : le chat vit dehors.

- Drèn : dedans.

O tarnépèn hi drèn : le bébé est dedans.

L'adverbe de ***temps*** :

- Als : toujours.

Hi lo als ap o drom : il est toujours sur la route.

- Échkané : maintenant.

Kro lès échkané : je le fais maintenant.

- Ko divès : aujourd'hui.

Vo ko divès : je viens aujourd'hui.

- Taïsa : hier / demain.

Kras lès lo taïsa : il l'a fait hier. / Krèl lès lo taïsa : il le fera demain.

- Fri : tôt.

Hi fri : il est tôt.

- Chpot : tard.

Hi chpot : il est tard.

- Choun : déjà.

Kréla choun rara : ça fait déjà longtemps.

- Sigo : bientôt.

Hi sigo orhténgé : il est presque huit heures.

L'adverbe de ***quantité*** :

- Bout : beaucoup.

Hi bout Sínté katé : il y a beaucoup de Sínté ici.

- Pardo : plein.

O vago hi pardo : la voiture est pleine.

- So bout : trop.

Hi so bout mángé : c'est trop pour moi.

- Sigo : presque.

Hi sigo fértégès : c'est presque terminé.

- Pisla : peu.

Krat i pisla : juste un peu.

De nombreux adverbes ***se forment à partir de l'adjectif*** ; ils prennent la terminaison " ***ès*** ". En voici quelques exemples :

- Latcho : bon (adj.) / Latchès : bon (adv.).

Hi lo latcho : il est bon / Hi latchès : c'est bon.

- Tchorélo : pauvre (adj.) / Tchorélès : pauvre (adv.).

Houm tchorélo : je suis pauvre / Kréla tchorélès : ça fait pauvre.

- Bilóndo : sans sel (adj.) / Bilóndès : sans sel (adv.).

Hi bilóndé matréli : ce sont des pommes de terre sans sel / Hi bilóndès : c'est sans sel.

- Hartégo : étrange (adj.) / Hartégès : étrange (adv.).

I hartégi djouvèl : une femme étrange / His hartégès : c'était étrange.

- Bravélo : riche (adj.) / Bravélès : riche (adv.).

Ham bravélé : nous sommes riches / Hi bravélès : c'est riche.

- Chaïnédo : brillant (adj.) / Chaïnédès : brillamment (adv.).

I chaïnédi chtarna : une étoile brillante / Bachrèl lo chaïnédès : il joue (instrument de musique) brillamment.

- Chouko : sec (adj.) / Choukès : sèchement (adv.).

I chouko rouk : un arbre sec / Kras lès li choukès : elle l'a fait sèchement.

- Notwéndégo : nécessaire (adj.) / Notwéndégès : nécessaire (adv.).

I notwéndégo lap : une parole nécessaire / Hi gar notwéndégès : ce n'est pas nécessaire.

- Chténdégo : sérieux (adj.) / Chténdégès : sérieusement (adv.).

Hi lo chténdégo sérieux : il est sérieux / Kré lès chténdégès : fait le sérieusement.

- Férlégo : important (adj.) / Férlégès : important (adv.).

I férlégo morch : un homme important / Hi férlégès : c'est important.

L'adverbe peut prendre une ***forme comparative*** ; il prend alors la terminaison " ***édar*** ". En voici quelques exemples :

- Norh : près / Norhédar : plus près.
- Sik : vite / Sikédar : plus vite.
- Bout : beaucoup / Boutédar : plus.

Il existe ***deux exceptions*** :

- Michto : bien / Fétdar : mieux.
- Chlèrht : mal / Argédar : pire.

Liste de 100 phrases

Voici une liste de 100 phrases dans la langue des Sínté. Celles-ci illustrent nos différentes leçons, et pourront être utilisées au cours de discussions :

- Demain matin, je dois commencer tôt ; je vais vendre des couteaux sur le marché, et ensuite, je retourne voir ma sœur qui fête son anniversaire : taïsalakro, hounti fángrap án fri ; djo té bikrap tchourïa ap o marko, oun palé, vo té dikap miri pén palé koun krèl lakro bourtstago.

- As-tu des frères et sœurs ? Moi, je n'ai pas de frères mais j'ai deux sœurs plus vieilles que moi qui habitent dans la région du Midi : hi tout prala or pénïa kán ? Mé, hi mán kék prala avèrh mán hi douï pénïa pourédar har mé koun vonèl án o Mitago.

- Regarde l'avion dans le ciel au milieu des nuages ! C'est un miracle pour moi de voir ça ; j'ai envie de voler moi aussi : dik o fligari án o bolépèn machkral o volki ! I voundra hi mángé té dikap ko kova ; kamo té fligap mé nina.

- C'est la nuit, il fait froid, je vois la lune et les étoiles qui brillent, j'entends les chouettes et le bruit des vagues qui se cassent sur le sable ; je ressens le goût du sel et de l'eau et pense à elle : hi rati, kréla chila, diko o mónto oun o chtarni har chaïnèl lé, chouno o aïli oun i lérma foun o vali har pagèl péngé lé ap i zánta ; haïvo i chmaka foun o lón oun o pani oun téngro ap laté.

- Joues-tu de la guitare ? Moi, je joue du violoncelle dans les réunions évangéliques et chante pour notre grand Dieu ; je suis un chrétien évangélique : bachré gitara kán ? Mé, bachro basgéïga án o zamloungi oun givo for maro baro Dévèl ; houm i patchlo.

- J'ai acheté un sac jaune, un pantalon bleu, une veste rouge, un bonnet blanc, des chaussures, une montre, des boucles d'oreille et un chapeau : ginoum i djilto gono, i bloïti hoza, i loli fraka, i véïs houba, kirha, i kambana, kanéngré oun i chtadi.

- Elle a oublié de payer le jardinier ! J'ai couru derrière lui et crié pour lui dire de s'arrêter mais il ne m'a pas entendu : bistras li té plésrèl o gartnari ! Nachoum pal lésté oun doum goïi té pénap léské té haltrèl pès lo avèrh chounas mán lo gar.

- Veux-tu encore du café ? Avec du sucre ou du lait ? Je n'en prends pas, il est trop tard et je dois me réveiller tôt demain : kamé norh méli kán ? Mit tsoukro otar thout drèn ? Lo kék, hi so chpot oun hounti djángap mán pré fri taïsa.

- Je me marie avec lui dans une semaine ; nous partons sur une île pendant un mois et revenons pour Noël ; ça fait très longtemps que j'attends cet instant : romdiro mán léré án i vourha ; dja ap i ínsla for i mónto oun va palé for Vaïnarhta ; kréla bout rara haltro ki ránda.

- Assis-toi par ici, prends une chaise et regarde-moi bien ; il faut que je te dise quelque chose de très important : béch tout katar, lé i chtoulo oun dik ap mándé michto ; hounti pénap touké tchomoni kaké férlégès.

- Tu dois passer à l'école pour récupérer les enfants, et ensuite, tu peux préparer à manger ; je ne rentre pas tard, mais je suis fatigué : hounti djés án i choula té lés o tchavé vri, oun palé, nachti krés o rhabèn ; vo palé gar chpot, avèrh houm khino.

- Je joue de la guitare dans un groupe ; il y a un violoniste, un contrebassiste, une chanteuse et mon frère qui nous accompagne ; le rythme est souvent rapide : bachro gitara án i kapéla ; i géïgari hi, i basari, i gimaskri oun miro pral haltrèl mèngé vri ; i taka hi oft sik.

- La voiture rouge roule vite sur la route et entre les arbres ; elle doit faire plus attention ; il y a plein de policiers derrière les ponts : o lolo vago djal sik ap o drom oun machkral o rouka ; hounti dèl boutédar arhta ; hi pardo klisté pal o brouki.

- Voici ma femme, je l'ai vu la première fois chez le boulanger ; elle est plus grande que sa sœur et toujours belle comme sa mère : aké miri romni, dikoum la o érchto molo pach o pékari ; hi li barédar har lakri pén oun tchir choukar har lakri daï.

- Sur la table, je veux du pain, de l'eau, de la confiture, de la viande, de la moutarde, du sel, du fromage, une assiette, une fourchette, un couteau et une cuillière, et du bon vin : ap i ticha, kamo maro, pani, chmira, mas, zémfta, lón, kiral, i plato, i gabla, i tchouri oun i roï, oun latchi mol.

- Tu as une belle voix et tu chantes bien ! As-tu enregistré des disques ? Je peux t'aider si tu veux ; je travaille pour des gadjé qui aiment la musique tsigane : hi tout i choukar chtima oun givé michto ! Kral diksi kán ? Nachti hélfrap tout té kamé ; chafro for gadjé koun féltèl o roméno bachrépèn.

- Il y a beaucoup de voitures sur la route ; je dois rouler doucement ; mon fils est malade, ma fille dort et ma femme me parle : hi bout vagi ap o drom ; hounti farap lokès ; miro tchavo hi nasélo, miri tchaï sovèl oun miri romni rakèl mántsar.

- Je t'appelle (téléphone) plus tard ; mon père arrive et je dois m'habiller pour le mariage de ce soir ; je demande après : oufro touké án chpotédar ; miro dat vèl án oun hounti rivap mán for i horhtsaïta ki rat ; boutcho pal.

- Quel âge as-tu (homme) ? Tu ressembles à un homme que je connais et qui habite dans la région du Médoc ; ce n'est pas un Sínto mais un gadjo : har pouro hal kán ? Glaïrhé i morch bríndjo oun koun vonèl án o Médoko ; hi kék Sínto avèrh i gadjo hi.

- Je suis rentré dans l'église, j'ai vu un prêtre, un moine et deux sœurs religieuses ; chacun priait devant la croix de Jésus ; j'ai fait le signe de croix : voum drèn án i kángri, dikoum i rachaï, i broudari oun douï chwéstri ; akoun pétrèls lé glán i ïézouséskro kraïtso ; kroum o tsaïrho.

- D'où viens-tu ? Connais-tu l'Allemagne ? J'ai de la famille qui y vit, près de la frontière alsacienne : ce sont des praïstiké Sínté : foun kaï vé kán ? Bríndjé o Gatchkéno kán ? Mán hi familïa koun djivèl koï, lángs i élzastiki grénza : hi praïstiké Sínté.

- Le dimanche, l'épicerie est fermée ; je dois monter en voiture et partir à vingt kilomètres d'ici ; la route est longue mais nous devons manger : kourkéskro, i lada hi tsou ; hounti chtaïgap pré oun farap bich kilomitarïa foun katé ; o drom hi loungès avèrh hounti rhas.

- Le jardin devant la maison est vert ; derrière, je vois une petite maison, des enfants jouant devant et de la fumée au-dessus de la cheminée : i garta glán o khér hi zénélès ; pal án, diko i tikno khér, tchavé koun chpilèl glán oun toup pral i hérta.

- J'étais à la chasse aujourd'hui avec deux chasseurs ; le ciel était gris, il y avait du vent et de la pluie, et je n'ai rien réussi à attraper ; c'est une mauvais journée : houmès ap i ïarhta ko divès mit douï chéngarïa ; o bolépèn his grao, his vínta oun brichédo, oun loum tchi ; i chlèrht divès hi.

- Il nous est interdit de rester là ; le gadjo ne veut pas que nous nous arrêtions sur son champ, mais nous n'avons plus de place en ville ; comment faisons-nous ? : Hi potémèn té tchas kaï ; o gadjo kamèl gar té haltras mèn ap léskri félda, avèrh hi mèn boutikèk platsa án o foro ; har kra kán ?

- Les enfants ont faim ; ça fait déjà longtemps qu'elle est partie et je ne sais pas quand elle va rentrer, mais je l'excuse, elle est fatiguée : o tchavé hi lèn bok ; kréla choun rara hi li vèk oun djano gar kané djal li té vèl palé, avèrh tsaïro la, hi li khini.

- Je travaille tous les jours à l'usine ; cela me permet de gagner un peu d'argent pour partir en voyage l'été. Je vis un peu comme un gadjo ! : Chafro ako divès án i fabrika ; nachti krap mángé i pisla lové té farap ap i raïza niïalé. Djivo i pisla har i gadjo !

- Ne reste (femme) pas pieds-nus ! C'est sale et tu peux te faire mal ; il y a des clous et du fil de fer ; viens vite par ici et monte en voiture : ma tché pirángli ! Hi tchikélès oun nachti doukés tout ; hi nagli oun trota ; ap sik katar oun chtaïgé pré.

- Cette femme est intelligente, belle, grande, elle travaille bien et respecte son mari ; pour moi, c'est une vrai Síntétsa : ki djouvèl hi godjébri, choukar, bari, chafrèl li michto oun réchpéktirèl li lakro rom ; mángé, i tchatchi Síntétsa hi.

- Je repasse tes vêtements, et ensuite, je dois laver la vaisselle ; ne reste (homme) pas debout et viens m'aider ! Nous n'avons plus de temps : biglo tiré loumpi, oun palé, hounti thovap o chiri ; ma tché chtardo oun ap té hélfrés mán ! Mèn hi boutikék tchiro.

- Aujourd'hui beaucoup de Sínté vivent en maison ; il est dur de voyager comme autrefois : les policiers sont durs avec nous, il n'y-a plus de place pour nous arrêter, et c'est aussi très cher ! C'est assez ! Beaucoup d'entre nous veulent arrêter de vivre notre culture et notre tradition : ko divès bout Sínté djivèl khéré ; hi pès té faras har frir : o klisté hi pès mèntsar, hi boutikék platsa té haltras mèn, oun hi nina gánts taïar ! Hi dola ! Hi bout machkral mèndé koun kamèl té haltrèl té djivèl mari koultoura oun mari traditsiona.

- Je te crois ; je le sais car elle est venue me le dire, nous avons parlé et elle m'a raconté l'histoire ; je ne te juge pas, mais ne le refais pas : patcho tout ; djano lès hoské véïas li té pénés lès mángé, rakam oun pénas mángé li i chirta ; rirhto tout gar, avèrh ma kré lès papsé.

- Elle a planté des marguerites autour du puits ; les oiseaux volent et chantent, je ferme mes yeux et m'endors ; c'est bon ! : Flántsras li rétchéngré bloumi troumal o tsibroun ; o tchirklé fligèl oun givèl, kro miré ïaka tsou oun sovo drèn ; hi latchès !

- Je ne veux pas danser avec toi, je suis marié et je respecte mon mari et sa famille ; demande à ma sœur, elle n'est pas mariée : kamo gar té khélap touva, houm romdini oun réchpéktiro miro rom oun léskri familïa ; boutché pach miri pén, hi li gar romdini.

- J'ai trouvé une bague en or dans la rue à côté d'un cerisier, au milieu des fleurs ; je suis chanceux aujourd'hui : atsoum i sonékaskri goustri án i gasa lángs i kiriastiko rouk, machkral o bloumi ; houm barhtélo ko divès.

- Je suis forain et fais les fêtes foraines partout en France, en Allemagne, en Suisse, en Belgique, en Autriche et en Espagne : houm i kirbari oun kro o kirbi ivral án o Valchi, án o Gatchkéno, án o Chwéïtsi, án o Bélgio, án o éstéraïchtiko thém oun án i Chpanïa.

- Son oncle (homme) habite à côté de Paris dans un appartement ; il n'est pas gentil et ne veux plus voir son neveu : léskro kak vonèl lángs Paris án i vonounga ; hi lo gar kamlo oun kamèl té dikèl léskro néfro boutigar.

- Je suis heureux de le revoir ; il est en bonne santé et toujours beau ; il a acheté un bateau pour pêcher des poissons et des coquillages : houm fro té dikap lès papsé ; hi lo sasto oun tchir choukar ; ginas lo i chifo té chifrèl matché oun chali.

- Il faut que tu traverses l'étang, puis, tu seras à côté de l'étable ; là, demande au maquignon combien ça coûte pour nous : hounti vés o véïrho dourch, oun palé, vé lángs i chtala ; kaï, boutché pach o graïéngro kitchi kouchtéla kán mèngé.

- Il y a plein de loups dans la forêt ; prends un fusil, une lampe et fais attention à toi ; si tu as peur, appelle-moi (téléphone) ! Je ne suis pas loin : hi pardo volfi án o véch ; lé i pouchka, i lampa oun dé arhta ap touté ; té daré, oufré mángé án ! Houm gar dour.

- Il est venu t'aider. Il ne va pas rester longtemps ici : il doit ensuite partir chez le vétérinaire pour soigner son petit chien : véïas lo té hélfrèl tout. Tchèl lo katé gar rara : hounti farèl palé pach o ratéskro té hélfrèl léskro tikno djoukèl.

- Il grêle aujourd'hui : ce n'est pas une bonne journée pour nous ; je vais rester à la maison et attendre le soleil ; c'est une triste journée : chlozéla ko divès ; hi gar i latcho divès mèngé ; djo té tchap khéré té haltrap o kham ; i laïdégo divès hi.

- Je pense à toi lorsque tu es loin de moi ; je veux être avec toi, te montrer mon amour et vivre longtemps à côté de toi : téngro ap touté har hal dour mándar ; kamo té vap touva, té sikrap tout miro kamlépèn oun djivap rara lángs touté.

- Soyez les bienvenus au milieu de nous ; vous êtes ici chez vous ! Cela me fait plaisir de vous revoir ; maintenant, nous sommes de nouveau rassemblés : avèn barhtélé machkral mèndé ; hán katé pach toumèndé ! Hi latchès mángé té dikap toumèr papsé ; échkané, ham papsé zamlémèn.

- Je me suis rasé ce matin ; j'ai pris du savon, de l'eau et une lame aiguisée ; je ne me suis pas coupé car je suis habitué : raziroum mán kaï tsarla ; loum sapouni, pani oun i chlaïfédi lamla ; tchinoum mán gar hoské houm gwanémèn.

- Il veut venir lui aussi ; nous lui avons dit qu'il y a des singes, des chats, des tigres, des renards et beaucoup d'autres oiseaux sauvages ! : Kamèl lo té vèl ïop nina ; pénam léské i afi, katsi, tigarïa, fouksi oun bout vavar divïé tchirklé !

- Viens ce soir ! Je vais cuisiner des hérissons sur la grille, avec des champignons et des pommes de terre ; peux-tu venir avec du pain et des gâteaux ? : Ap ki rat ! Djo té kérvap nigli ap o rochto, mit chwami oun matréli ; nachti vés kán mit maro oun kourhi ?

- Je sépare les chiens car ils se battent toute la journée ; c'est un danger pour les enfants qui jouent à côté, j'ai peur : kro o djouklé oïzénándar hoské kourèl péngé lé o tchélo divès ; i géfara hi for o tchavé koun chpilèl lángs, daro.

- La voiture est cassée et ne démarre plus ; je crois qu'il y a un injecteur cassé à l'intérieur du moteur, il n'y-a plus d'huile, plus d'essence, le pare-brise est cassé, les roues arrières aussi, et je n'ai plus les clefs pour démarrer : o vago hi pagès oun djal boutigar ; patcho i chpristarïa hi pagès drèn o milo, hi boutikèk djét, boutikèk bénzina, i fénchtra glán hi pagès, o radi foun pal án nina, oun hi mán o chlisli boutigar té djap án.

- C'est certainement elle qui t'a appelé ; elle fait toujours cela et après, elle dit que ce n'est pas elle, mais je ne la crois pas : hi alé vèk ïoï koun kharas tout ; krèl li tchir ko kova oun palé, pénèl li hi gar ïoï, avèrh patcho la gar.

- Ce que j'apprécie : me mettre dans un bon lit, manger une bonne soupe avec du pain, de l'eau et du fromage. Ensuite je prends ma bible, je lis un instant et je m'endors : ho féltèl mán : té tchap mán án i latcho tchibèn, té rhaïap i latchi zoumi mit maro, pani oun kiral. Palé lo miri bibla, lézo i ránda oun sovo drèn.

- Je reviens chez toi demain ; essaye de faire vite ! Il est important pour moi de le savoir rapidement pour appeler (téléphone) mes parents : vo palé pach touté taïsa ; proviré té krés sik ! Hi férlégès mángé té djanap lès sik té oufrap miré éltri án.

- Il joue avec elle ; elle se lève et va à côté de la piscine pour se baigner ; il fait très chaud et elle rigole ; nous sommes en été : chpilèl lo lara ; chtélèl pré li oun djal lángs i chwimpada té padrèl pès li ; kréla haïs oun sal li ; ham niïalé.

- J'attache le cheval derrière ; je vais aller chercher du foin, de l'eau, nettoyer la selle, mon casque et mes bottes, puis je vais aller me coucher : pándo o graï pal án ; djo té rodap khas, pani, rénïap i zatla, miro hélmo oun miré chtibli, oun palé djo té pachap mán.

- Vous semez la bonne parole ; vous êtes toujours sur la route pour Dieu, et vous parlez souvent du paradis et de l'enfer ; que Dieu vous bénisse : zomèn o latcho lap ; hán als ap o drom for o Dévèl, oun rakèn oft foun o himlo oun i héla ; té o Dévèl véïrèl toumèn drèn.

- Je regarde cette fille avec ses longs cheveux blonds, ses yeux bleus et son grand sourire ; elle ne me regarde pas mais sait que je l'aime : diko ap ki tchaï mit lakré loungé blount bal, lakré bloïté ïaka oun lakro baro sabèn ; dikèl li ap mándé gar avèrh djanèl har kamo la.

- Elle n'a pas beaucoup mangé, elle n'a pas beaucoup bu, elle n'a pas beaucoup dormi et j'ai peur pour elle ; elle doit aller chez le docteur : rhaïas li gar bout, piïas li gar bout, sovas li gar bout oun daro laké ; hounti djal pach o doktari.

- Je m'en vais dans un instant voir ma famille ; ça fait très longtemps que je n'ai pas vu mon frère et il s'est marié avec la cousine d'un ami : djo mángé án i ránda té dikap miri familïa ; kréla bout rara dikoum gar miro pral oun romdiras pès lo mit i néboutsa foun i mal.

- Elle a vomi toute la nuit et je n'ai pas bien dormi ; il fait froid dehors et je dois attendre demain pour aller chez le boucher : tchadas li i tchéli rat oun sovoum gar michto ; kréla chila vri oun hounti haltrap taïsa té djap pach o métsgari.

- Je suis sur la route. Je suis à pied. Je pense à toi, regarde les arbres autour de moi. Je traverse un jardin ; il est midi. Je me sens bien, j'ai du temps devant moi : je rêve : houm ap o drom. Houm so fous. Téngro ap touté, diko ap o rouka troumal mándé. Vo dourch i garta ; hi mitago. Haïvo mán michto, mán hi tchiro glán mándé : do souni.

- Rince ta bouche ! Habille-toi vite et viens par ici pour manger avec nous ; je n'ai pas de temps pour jouer avec toi aujourd'hui : chwénké tiro mouï vri ! Rip tout sik oun ap katar té rhaïés mèntsar ; mán hi kék tchiro té chpilap touva ko divès.

- Nous habitons à côté de la ferme et allons chaque jour demander des œufs ; nous n'avons pas beaucoup d'argent mais les gadjé sont généreux avec nous et nos chevaux : vona lángs i hofa oun dja ako divès té mángas ïaré ; mèn hi kék bout lové avèrh o gadjé hi tchalé mèntsar oun mit maré graïa.

- Si tu ne sais pas nager, tu peux te noyer ; fais attention à toi et tiens-toi tranquille, c'est grand par ici ; je vais rester à côté de toi : té djané garhar té chwimés, nachti tasés tout ; dé arhta ap touté oun tché chtil, hi barès katar ; djo té tchap lángs touté.

- Je commence à être affamé ; je veux manger des gâteaux et des oranges, et ensuite, m'allonger sur le lit pour dormir un peu : fángro án té vap bokélo ; kamo té rhaïap kourhi oun apfélzini, oun palé, té chtrékap mán ap o tchibèn té sovap i pisla.

- Ce soir, nous organisons un grand repas pour son (masculin) anniversaire ; je suis content pour lui et pour sa famille ; sa femme vient aussi : ki rat, kra i baro rhabèn for léskro bourtstago ; houm fro léské oun for léskri familïa ; léskri romni vèl nina.

- Elle est à la maison dans son lit, et, a avalé beaucoup de médicaments ; j'ai avertis le docteur qui vient la voir ce soir : hi li khéré án lakro tchibèn, oun, chloukas li bout mitli ; varnoum o doktari koun vèl té dikèl la ki rat.

- Tourne-toi par ici et ne ferme pas tes yeux ! Je ne m'amuse pas avec toi et je n'ai pas beaucoup de temps devant moi : ris tout katar oun ma kré tiré ïaka tsou ! Chpilo mángé touva gar oun mán hi kék bout tchiro glán mándé.

- Il était une fois, un prince et une princesse, un château-fort et un grand dragon ; le prince délivra la princesse du grand dragon : his i molo, i príntso oun i príntsésa, i bourga oun i baro drarho ; o príntso las i príntsésa vri foun o baro drarho.

- Puis-je boire de l'eau ? Je meurs de soif et il fait très chaud ; je suis assoifé et fatigué, et je me sens mal : nachti piap pani kán ? Méro foun i trouch oun kréla haïs ; houm trouchélo oun khino, oun haïvo mán chlèrht.

- Il fait lourd aujourd'hui ; je veux me baigner dans la mer, sentir le soleil sur ma peau et me reposer : quelle chance pour moi d'être en vacances ! : Kréla chmoutégès ko divès ; kamo té padrap mán án o méro, té haïvap o kham ap miri hoïta oun té khinap mán vri : avo barht mángé hi té vap ap i raïza !

- Que veux-tu faire ? Il est déjà tard, j'ai froid, il commence à faire sombre et nous sommes loin de chez nous : ho kamé té krés kán ? Hi choun chpot, hi mán chila, fángréla án té krèl tounk oun ham dour foun pach mèndé.

- Je veux réunir la famille pour Pâques, c'est important pour moi, et cela fait longtemps que nous ne nous sommes pas vus : kamo té anap i familïa kéténé for i Ochtra, hi férlégès mángé, oun kréla rara dikam mèn gar.

- Entre et ferme la porte derrière toi ; ça ne te regarde pas et tu dois les laisser ensemble, crois-moi, ce n'est pas un bon moment : ap drèn oun kré o voudar pal touté tsou ; gitsél tout tchi án oun hounti moukés lèn kéténé, patché mán, hi kék latchi vaïla.

- Ces gens-ci ne sont pas ouverts comme nous ; ils n'apprécient pas beaucoup les gadjé et sont restés rustiques ; tu dois faire attention : kala ménchi hi gar pré har mèr ; féltèl lèn o gadjé gar bout oun tchán lé poïtikès ; hounti dés arhta.

- J'étais chez le docteur ce matin qui m'a dit que j'étais malade et que je dois aller rapidement chez le pharmacien si je ne veux pas aller à l'hôpital : houmès pach o doktari kaï tsarla oun pénas mángé lo houmès nasélo oun hounti djap sik pach o drapaskro té kamo gar té djap án i chpitala.

- Je dois me laver, puis je m'en vais travailler ; je n'ai pas envie de partir, mais je dois faire de l'argent pour payer le paysan : hounti thovap mán, oun palé djo mángé té chafrap ; kamo gar té djap, avèrh hounti krap lové té plésrap o povari.

- Nous sommes rassemblés aujourd'hui pour parler de quelque chose d'important, c'est Jésus, le Fils de l'Homme, qui est mort sur la croix pour toi : ham zamlémèn ko divès té rakas foun tchomoni férlégès, hi Ïézous, o Ménchéskro Tchavo, koun méras ap o kraïtso touké.

- Jésus ! J'ai eu peur pour toi ! Il m'a dit que tu t'es battu avec ton cousin ; comment s'appelle-t-il ? Je vais parler avec son père demain : Oïé ! Daroum touké ! Pénas mán lo koural tout mit tiro néboudo ; har karèl lo kán ? Djo té rakap mit léskro dat taïsa.

- Ce que j'apprécie, c'est de voyager librement et de m'arrêter sur l'herbe, entre les arbres, avec ma famille ; c'est la vie des Sínté : ho féltèl mán, hi té raïzap fraï oun té haltrap mán ap i graza, machkral o rouka, mit miri familïa ; hi o roméno djibèn.

- Aujourd'hui, notre vie, la vie des Sínté, est dure. Les gadjé n'apprécient pas notre culture, et il nous est difficile de nous battre : ko divès, maro djibèn, o roméno djibèn, hi pés. O gadjé féltèl lèn gar mari koultoura, oun hi pès mèngé té kouras mèn.

- Elle me tricote des chaussettes et un bonnet pour mon bébé ; pendant l'hiver, nous devons faire attention à ne pas tomber dans la mare : chtrikèl mángé li zoki oun i houba for miro tarnépèn ; vénté, hounti das arhta té péras án i chlousla gar.

- Je dois aller dans ce village pour trouver du beurre et de la moutarde ; viens avec moi pour m'aider et prends ton sac et tes gants : hounti djap án ko gap té atsap khil oun zémfta ; ap mántsar té hélfrés mán oun lé tiro gono oun tiré hèndtchíngi.

- Il a ronflé toute la nuit et je n'ai pas dormi ; avec cette grande chaleur, nous devons boire beaucoup et sortir où il y a de l'ombre : chnorhas lo o tchéli rat oun sovoum gar ; mit ko haïsépèn, hounti pias bout oun djas vri kaï hi chata.

- C'est bientôt Noël ; mon fils et ma fille veulent beaucoup de jeux, mais je n'ai pas d'argent ; je dois demander à mon frère : hi sigo Vaïnarhta ; miro tchavo oun miri tchaï kamèl bout chpili, avèrh mán hi kék lové ; hounti boutchap pach miro pral.

- Sa mère est partie et il a pleuré toute la journée ; il est faible et triste, je dois l'aider à trouver une femme : léskri daï djas vèk oun rovas lo o tchélo divès ; hi lo chwarh oun laïdégo, hounti hélfrap lès té astés i djouvèl.

- Il ne nous est pas nécessaire de partir aujourd'hui ; je me sens bien ici, il fait beau et chaud, le soleil brille et les enfants jouent ensemble sur l'herbe : hi gar notwéndégès té djas ko divès ; haïvo mán michto katé, kréla choukar oun hitsa, o kham chaïnèl oun o tchavé chpilèl kéténé ap i graza.

- Chaque soir, je prie pour ma famille. Je respecte la parole de Dieu, j'ai la volonté, le désir de servir Dieu. Pour moi, Dieu est la vie, et lorsque nous sommes tous rassemblés, ensemble, dans l'église, je sens l'amour de Dieu au milieu des chrétiens : aki rat, pétro for miri familïa. Réchpéktiro o débléskro lap, hi mán i vila, i lánga té dínrap o Dévèl. Mángé, o Dévèl hi o djibèn, oun har ham aloïtré zamlémèn, kéténé, án i kángri, haïvo o débléskro kamlépèn machkral o patchlé.

- Si tu la vois demain, dis-lui de m'appeler (téléphone) rapidement, c'est important ; je dois lui dire comment c'était et qui était là ! : Té diké la taïsa, pèn laké té oufrèl mángé án sik, hi férlégès ; hounti pénap laké har his oun koun his kaï !

- C'est le printemps ; j'ai ramassé des fruits toute la journée ; des pommes, des prunes, des cerises, des oranges ; je veux faire une soupe de fruits et du jus avec : hi frioro ; afroum hopsi pré o tchélo divès ; épli, ploïmi, kiriasi, apfélzini ; kamo té krap i hopstiki zoumi oun zafta mit.

- Demain, je vais à la chasse aux hérissons avec mon fusil et mon chien ; c'est l'automne et les hérissons sont gras ; sur la grille c'est très bon : taïsa, djo nigléngé mit miri pouchka oun miro djoukèl ; hi chpotïoro oun o nigli hi dik ; ap o rochto hi kaké latchès.

- Je veux partir plus loin ; il y a une place à côté de la forêt de bouleaux en face du grand lac ; nous pouvons y rester un mois, je connais bien le garde forestier : kamo fort dourédar ; i platsa hi lángs o birktiko véch glán o baro zéro ; nachti tchas koï i mónto, bríndjo michto o véchéskro.

- Je m'agenouille devant toi, je te respecte et tu es le Roi de tous les rois ; je te supplie de m'entendre : kniko mán glán touté, réchpéktiro tout oun hal o Kinégo foun o tchélé kinégi ; mángo tout án té chounés mán.

- Je te supplie d'éteindre la lumière, il est déjà tard et je suis fatigué ; demain, je dois me réveiller tôt pour partir chez le gadjo qui habite loin : mángo tout án té krés i lirhta vri, hi choun chpot oun houm khino ; taïsa, hounti djángap mán pré fri té farap pach o gadjo koun djivèl dour.

- Je les ai invité à venir dîner ce soir avec lui ; c'est un garçon intelligent qui travaille bien et qui veut devenir avocat : gladoum lèn té rhaïèl ki rat léré ; i godjébro tchavo hi koun chafrèl michto oun koun kamèl té vèl i afokato.

- Peut-être que c'est dans ta poche ? Cherche bien, tu l'as peut-être oublié ; le voici ! J'ai eu peur, je dois ranger ma chambre : hi taïl moli drèn án tiri posita ? Rodé michto, bistral lès taïl moli ; aké lo ! Daroum, hounti rándjirap miri tsimra.

- Dépêche-toi ! Je dois travailler toute la journée jusque ce soir et je n'ai pas beaucoup de temps devant moi ; prends la voiture et conduis-moi vite : toumlé tout ! Hounti chafrap o tchélo divès bis ki rat oun mán hi kék bout tchiro glán mándé ; lé o vago oun firé mán sik.

- J'aiguise des couteaux partout en France ; je connais beaucoup de gadjé et j'ai beaucoup de chance de souvent travailler avec eux : chlaïfo tchourïa ivral án o Valchi ; bríndjo bout gadjé oun mán hi bout barht té chafrap oft lèntsar.

- Je vais mettre un morceau de cuivre sur la balance ; le ferrailleur ne donne plus d'argent comme autrefois et c'est triste pour nous : djo té tchivap i kotar koupro ap i viga ; o sarsténgro dèl boutikék lové har frir oun hi laïdégès mèngé.

- Je fais les vendanges chaque année ; cela me permet de faire un peu d'argent et de partir avec ma caravane et toute ma famille : kro o rébi ako bérch ; nachti krap mángé i pisla lové oun farap mit miro vago oun miri tchéli familïa.

- Il est important de sauver la langue des Sínté pour pouvoir la transmettre aux autres générations et montrer à la France sa richesse : hi férlégès té rétèl o roméno raképèn té dèl lès for o vavar génératsioni oun té sikrèl o Valchi léskro bravélépèn.

Bibliographie

Dictionnaire tsigane - Dialecte des Sínté, Louis de Gouyon Matignon, L'Harmattan, 2012.

Grammaire du Manouche tel qu'on le parle en Auvergne, Joseph Valet, 1984.

The Last Speakers, The Quest to Save the World's Most Endangered Languages, K. David Harrison, National Geographic, 2010.

Une autre approche sur l'histoire de la migration des ancêtres des Roms, Sínté et Kalé, Élisabeth Clanet dit Lamanit, Études Tsiganes, 2009.

Clefs pour la Linguistique, Georges Mounin, Seghers, 1968.

La Linguistique, Jean Perrot, Presses Universitaires de France, 18ème édition, 2010.

Table des matières

Langues

aux éditions L'Harmattan

Dernières parutions

PARLONS BALOUTCHE
Malherbe Michel, Naseebullah
Le baloutche est une langue indo-européenne proche du persan et parlée par près de 7 millions de personnes sur un vaste territoire, qui couvre 43 % de la surface du Pakistan ainsi qu'une province de l'Iran et une vaste zone au sud de l'Afghanistan. La langue est cependant rarement écrite, ce qui développe de nombreuses variétés dialectales. L'ouvrage a choisi un baloutche «moyen», compréhensible sur l'ensemble du domaine.
(Coll. Parlons…, 14.00 euros, 132 p.)
ISBN : 978-2-343-00069-5, ISBN EBOOK : 978-2-296-53126-0

DICTIONNAIRE TSIGANE
Dialecte des Sínté – français-tsigane / tsigane -français
de Gouyon Matignon Louis
Les Tsiganes établis en Europe de l'Ouest se donnent le nom de Sínté. Leur langue se trouve aujourd'hui menacée. Le but de cet ouvrage, témoignage historique mais aussi culturel, est de préserver, et dans un même temps de présenter au plus grand nombre, la grande diversité et la richesse de la langue des Sínté.
(25.00 euros, 246 p.)
ISBN : 978-2-336-00096-1, ISBN EBOOK : 978-2-296-50720-3

PARLONS CORÉEN
(Édition revue et augmentée)
Malherbe Michel, Tellier Olivier
Premier ouvrage de la collection «Parlons», qui compte plus de 180 titres publiés à ce jour, cette édition élargie comprend un lexique coréen-français, indique comment procéder pour écrire les lettres du hangul avec l'informatique et s'enrichit de photos.
(Coll. Parlons…, 26.50 euros, 266 p.)
ISBN : 978-2-296-99095-1, ISBN EBOOK : 978-2-296-50116-4

PARLONS ROUTOUL
Caucase, Daghestan
Makhmudova Savetlana
Les Routouls sont un peuple du Daghestan, cette République caucasienne de Russie des bords de la mer Caspienne. Ils sont au nombre de 35 000 environ, mais les bons locuteurs de la langue sont peut-être seulement 20 000. Le routoul est

apparenté au tchétchène. Ce n'est que l'une des quelque 40 langues du Daghestan, considérée par les Arabes comme la « montagne des langues ».
(Coll. Parlons…, 17.00 euros, 164 p.)
ISBN : 978-2-296-99107-1, ISBN EBOOK : 978-2-296-50225-3

INITIATION À L'ARABE PARLÉ AU MAROC (Nouvelle édition)
Jalaly Az Eddine
Vous projetez d'apprendre l'arabe parlé au Maroc, niveau de langue employé pour les besoins de la vie de tous les jours (on parle d'arabe dialectal) ; l'objet de ce manuel est l'initiation à ce niveau. Pour le non-arabophone, l'apprentissage des deux niveaux (littéral et dialectal), bien entendu en fonction de ses besoins, s'impose comme une évidence. Destiné aux arabisants, étudiants ou confirmés, aux populations issues de l'immigration, aux expatriés européens, il permet également un travail en autoapprentissage. (CD inclus).
(35.00 euros, 288 p.)
ISBN : 978-2-296-96810-3

GUIDE DE CONJUGAISON EN FANG
Akomo-Zoghe Cyriaque Simon-Pierre - Préface de Claver Bibang
Ce livre est un précis qui tente de simplifier l'art de conjuguer en fang. Il répond parfaitement à l'exigence qui consiste à mettre en place une série d'ouvrages scolaires et parascolaires dans le but de vulgariser la langue fang et la rendre plus accessible auprès des locuteurs. Voici un document pionnier dans les études linguistiques relatives à la langue fang en Afrique centrale.
(Coll. Harmattan Cameroun, 14.00 euros, 130 p.)
ISBN : 978-2-296-99263-4

ENSEIGNEMENT (L') DES LANGUES VERNACULAIRES : DÉFIS LINGUISTIQUES, MÉTHODOLOGIQUES ET SOCIO-ÉCONOMIQUES
Sous la direction d'El Mountassir Abdallah, Dorais Louis-Jacques
Cet ouvrage dessine les grands défis auxquels se voit partout confronté l'enseignement de langues minoritaires et vernaculaires telles le catalan, l'amazigh, le wolof, le kanak, l'inuit... Au-delà de la situation particulière de chacune d'entre elles, les langues vernaculaires participent toutes d'un même destin : continuer à transmettre l'identité d'un peuple malgré les assauts d'une globalisation langagière qui cherche à les étouffer.
(30.00 euros, 294 p.)
ISBN : 978-2-296-99261-0

PARLONS SHOR – Langue turcique de Sibérie
Daniyarova Saodat, Daniyarova Barchinoy, Daniyarov Shodiyor
Le peuple shor fait partie de la grande famille turque. Il habite la Sibérie orientale, à l'est du lac Baïkal, dans l'important district de Kemerovo, au Kuzbass. Le nombre de locuteurs est de l'ordre de 15 000 personnes, soit 0,4% de la population du district. Cet ouvrage est le premier en français sur ce peuple qui mérite d'être mieux connu.
(Coll. Parlons…, 19.00 euros, 192 p.)
ISBN : 978-2-296-96497-6

PARLONS BOURIATE – Russie-Baïkal
Druon Galina
La Bouriatie est l'une des 21 républiques de la Fédération de Russie. Elle est située autour du célèbre lac Baïkal. Le bouriate, langue proche du mongol, parlé par 28 % de la population d'environ un million d'habitants, est menacé par le russe, également officiel au sein de la République. Toutefois, un renouveau d'intérêt pour la culture et les traditions bouriates est nettement perceptible depuis quelques décennies.
(19.00 euros, 190 p.)
ISBN : 978-2-296-56994-2

GRAMMAIRE DU MASHI
Phonologie, morphologie, mots grammaticaux et lexicaux
Bashi Murhi-Orhakube Constantin
Le mashi est une langue bantoue parlée en République Démocratique du Congo dans la province du Sud-Kivu. Le nombre de locuteurs, estimé à 5000 en 1975 a certainement doublé, voire triplé en 30 ans dans cette région la plus peuplée du pays. Cette langue constitue un moyen de communication intra-ethnique, familiale, des masses populaires les moins scolarisées et les moins urbanisées. Par elles passent les relations entre l'administration locale et la population.
(17.00 euros, 176 p.)
ISBN : 978-2-296-56828-0

ALBANAIS (L'), UNE LANGUE EN MOUVEMENT
Dynamique de la variation sociolinguistique
Haxhiaj Lianda - Préface de Jean-François P. Bonnot
Le chaos politique et économique de l'Albanie postrévolutionnaire a agi comme un révélateur d'inégalités sociales. Les anciens principes qui structuraient l'État ayant été mis à bas, les références comportementales ont commencé à faire défaut, créant une situation d'instabilité à tous les niveaux, en particulier sur le plan de l'usage linguistique. Cet essai s'attache donc à mettre en lumière les modalités du changement phonético-phonologique appréhendé dans sa dimension sociolinguistique.
(27.50 euros, 266 p.)
ISBN : 978-2-296-97010-6

L'Harmattan Italia
Via Degli Artisti 15; 10124 Torino

L'Harmattan Hongrie
Könyvesbolt ; Kossuth L. u. 14-16
1053 Budapest

L'Harmattan Kinshasa
185, avenue Nyangwe
Commune de Lingwala
Kinshasa, R.D. Congo
(00243) 998697603 ou (00243) 999229662

L'Harmattan Congo
67, av. E. P. Lumumba
Bât. – Congo Pharmacie (Bib. Nat.)
BP2874 Brazzaville
harmattan.congo@yahoo.fr

L'Harmattan Guinée
Almamya Rue KA 028, en face du restaurant Le Cèdre
OKB agency BP 3470 Conakry
(00224) 60 20 85 08
harmattanguinee@yahoo.fr

L'Harmattan Cameroun
BP 11486
Face à la SNI, immeuble Don Bosco
Yaoundé
(00237) 99 76 61 66
harmattancam@yahoo.fr

L'Harmattan Côte d'Ivoire
Résidence Karl / cité des arts
Abidjan-Cocody 03 BP 1588 Abidjan 03
(00225) 05 77 87 31
etien_nda@yahoo.fr

L'Harmattan Mauritanie
Espace El Kettab du livre francophone
N° 472 avenue du Palais des Congrès
BP 316 Nouakchott
(00222) 63 25 980

L'Harmattan Sénégal
« Villa Rose », rue de Diourbel X G, Point E
BP 45034 Dakar FANN
(00221) 33 825 98 58 / 77 242 25 08
senharmattan@gmail.com

L'Harmattan Bénin
ISOR-BENIN
01 BP 359 COTONOU-RP
Quartier Gbèdjromèdé,
Rue Agbélenco, Lot 1247 I
Tél : 00 229 21 32 53 79
christian_dablaka123@yahoo.fr

654143 - Mai 2016
Achevé d'imprimer par

1livre.com
du rêve à la réalité !